Maria Hildegard Brem

Darf ich dich etwas fragen?

AF649025

Maria Hildegard Brem

Darf ich dich etwas fragen?

Interviews mit Persönlichkeiten der Bibel

Fromm Verlag

Impressum/Imprint (nur für Deutschland/ only for Germany)
Bibliografische Information der Deutschen Nationalbibliothek: Die Deutsche Nationalbibliothek verzeichnet diese Publikation in der Deutschen Nationalbibliografie; detaillierte bibliografische Daten sind im Internet über http://dnb.d-nb.de abrufbar.
Alle in diesem Buch genannten Marken und Produktnamen unterliegen warenzeichen-, marken- oder patentrechtlichem Schutz bzw. sind Warenzeichen oder eingetragene Warenzeichen der jeweiligen Inhaber. Die Wiedergabe von Marken, Produktnamen, Gebrauchsnamen, Handelsnamen, Warenbezeichnungen u.s.w. in diesem Werk berechtigt auch ohne besondere Kennzeichnung nicht zu der Annahme, dass solche Namen im Sinne der Warenzeichen- und Markenschutzgesetzgebung als frei zu betrachten wären und daher von jedermann benutzt werden dürften.

Coverbild: www.ingimage.com

Contact:
International Book Market Service Ltd., 17 Rue Meldrum, Beau Bassin, 1713-01 Mauritius
Website: www.bookmarketservice.com
Email: info@bookmarketservice.com

Gedruckt in: USA, UK, Deutschland. Dieses Buch wurde nicht in Mauritius produziert.

Imprint (only for USA, GB)
Bibliographic information published by the Deutsche Nationalbibliothek: The Deutsche Nationalbibliothek lists this publication in the Deutsche Nationalbibliografie; detailed bibliographic data are available in the Internet at http://dnb.d-nb.de.
Any brand names and product names mentioned in this book are subject to trademark, brand or patent protection and are trademarks or registered trademarks of their respective holders. The use of brand names, product names, common names, trade names, product descriptions etc. even without a particular marking in this works is in no way to be construed to mean that such names may be regarded as unrestricted in respect of trademark and brand protection legislation and could thus be used by anyone.

Cover image: www.ingimage.com

Contact:
International Book Market Service Ltd., 17 Rue Meldrum, Beau Bassin, 1713-01 Mauritius
Website: www.bookmarketservice.com
Email: info@bookmarketservice.com

Copyright © 2012 by the author and Fromm Verlag and licensors
All rights reserved. Beau-Bassin 2012

Printed in: U.S.A., U.K., Germany. This book was not produced in Mauritius.

ISBN: 978-3-8416-0290-9

Inhaltsverzeichnis

Die **Zeichnungen im Buch** sind Initialen aus dem handgeschriebenen Evangeliar des Zisterzienserinnenklosters Géronde in Sierre VS, Schweiz, und stammen von **Sr. M. Marguerite Pont OCSO** dieses Klosters.

Maria

Freudenreicher Rosenkranz

Maria begegnet Elisabet

Ein Ja ohne Bedenkpause

Zum 1. Gesätz des freudenreichen Rosenkranzes: „Den du, o Jungfrau, vom Heiligen Geist empfangen hast“

Wort der Heiligen Schrift

Im sechsten Monat wurde der Engel Gabriel von Gott in eine Stadt in Galiläa namens Nazaret zu einer Jungfrau gesandt. Sie war mit einem Mann namens Josef verlobt, der aus dem Haus David stammte. Der Name der Jungfrau war Maria. Der Engel trat bei ihr ein und sagte: Sei gegrüßt, du Begnadete, der Herr ist mit dir.

Sie erschrak über die Anrede und überlegte, was dieser Gruß zu bedeuten habe.

Da sagte der Engel zu ihr: Fürchte dich nicht, Maria; denn du hast bei Gott Gnade gefunden. Du wirst ein Kind empfangen, einen Sohn wirst du gebären: dem sollst du den Namen Jesus geben. Er wird groß sein und Sohn des Höchsten genannt werden. Gott, der Herr, wird ihm den Thron seines Vaters David geben. Er wird über das Haus Jakob in Ewigkeit herrschen, und seine Herrschaft wird kein Ende haben.

Maria sagte zu dem Engel: Wie soll das geschehen, da ich keinen Mann erkenne?

Der Engel antwortete ihr: Der Heilige Geist wird über dich kommen, und die Kraft des Höchsten wird dich überschatten. Deshalb wird auch das Kind heilig und Sohn Gottes genannt werden. Auch Elisabet, deine Verwandte, hat noch in ihrem Alter einen Sohn empfangen; obwohl sie als unfruchtbar galt, ist sie jetzt schon im sechsten Monat. Denn für Gott ist nichts unmöglich.

Da sagte Maria: Ich bin die Magd des Herrn; mir geschehe, wie du es gesagt hast. Danach verließ sie der Engel.

Lk 1,26-38

Reporter: Willkommen, heilige Maria! Du bist die Mutter Jesu. Und er ist bis heute eine Persönlichkeit, mit der sich jeder Mensch auseinandersetzen muss. Wir Christen verehren ihn sogar als unseren Herrn und Erlöser. Herzlichen Dank, dass du dir Zeit genommen hast, mit uns zu sprechen! Wir wissen das zu schätzen!

Maria: Gerne stehe ich zu eurer Verfügung! Ihr müsst mich auch nicht so hoheitsvoll behandeln, ich bin nur ein gewöhnlicher Mensch wie ihr alle!

Aber du bist doch die Mutter Gottes! Man nennt dich die sündenlose, die Königin des Himmels!

Das ist reines Geschenk, völlig unverdient empfangen, und nur dazu gedacht, dass ich den Menschen besser dienen und helfen kann, also nicht, um mich verehren und auf einen Thron setzen zu lassen!

Ich staune über deine Bescheidenheit! Wir haben im Deutschen ein Sprichwort: „Bescheidenheit ist eine Zier, doch weiter kommt man ohne ihr" – ohne sie - müsste es in korrektem Deutsch heißen! Hat dieses Motto in der Beziehung mit Gott keine Gültigkeit?

Nein, hier gilt das genaue Gegenteil! Das ist mit dem heute so verpönten und missverstandenen Wort Demut gemeint! Es bedeutet die richtige, der Wahrheit entsprechende Selbsteinschätzung Gott und den Menschen gegenüber. Vor Gott sind wir alle als Geschöpfe klein, ja ein Nichts. Wir können ohne ihn ja nicht einen Augenblick existieren und sind total auf ihn angewiesen.

Das hören viele heutige Menschen nicht gerne, denn Emanzipation ist angesagt – nicht nur unter den Frauen....

Und dabei wissen viele gar nicht, was die wahre Emanzipation ist, die Gott jedem schenken möchte, der sich danach sehnt!

Das ist ein spannendes Thema. Doch passt das zu unserer heutigen Szene? Wir wollten uns doch darüber unterhalten, wie es war, als du auf die Botschaft des Engels hin Jesus empfangen hast.

Ich denke, da sind wir gerade dort, wo wir hinwollen.... Was wollt ihr denn über dieses Ereignis wissen?

Wenn wir im Lukasevangelium über deine Begegnung mit dem Engel lesen, stellen sich eine Menge Fragen. Zum Beispiel: Warst du überrascht, oder hattest du schon erwartet, die Mutter des Messias zu werden?

Diese Botschaft war die große Überraschung meines Lebens! Wer den Bibeltext genau liest, kann das schon aus dem Wortlaut erkennen: Ich erschrak nicht über den Boten Gottes, denn Gott war mir vertraut, aber über seine Anrede, seinen Gruß. Wie kam er nur auf die Idee, mich Begnadete zu nennen und mir zuzusagen: „Der Herr ist mit dir"? Das klang ja so, als wäre ich den Großen des Alten Testaments gleich, die auch diese Zusage von Gott empfangen haben! Ich war ja nur eine kleine, unbekannte Frau aus einem unbedeutenden Dorf, einem „Nest", würde man heute in der Umgangssprache sagen!

Da war es dann wohl auch verwirrend, dass mit diesem ersten Gruß so unfassbare Verheißungen verbunden waren: Du sollst durch die Überschattung des Heiligen Geistes einen Sohn empfangen, er wird groß sein und Sohn des Höchsten heißen, seine Herrschaft wird keine Ende haben, und so weiter.

Ja, da brauchte ich viel Zeit, um das alles innerlich zu verarbeiten. Nicht umsonst steht öfters in der Heiligen Schrift, dass ich alle Geschehnisse im Herzen bewahrte und darüber nachdachte. Momentan war ich einfach überwältigt, erschrocken, ja schockiert und doch im Innersten berührt und beglückt. Solche Erfahrungen lassen sich gar nicht angemessen beschreiben. Auch die Darstellung des Evangeliums ist nur ein bildhafter Versuch, etwas Unaussprechliches in menschliche Worte zu fassen...

Trotzdem gibt uns der Evangelist wertvolle Hinweise, unter anderem, dass du den Mut hattest, Klarheit zu erbitten. Das zeigt uns, dass du eine aufmerksame, selbstständig denkende junge Frau warst. Sehe ich das richtig?

Gott will keine Marionetten, er will keinen Dienst aus Zwang oder eine billige Gefolgschaft, die nicht mitdenkt. Er will freie Menschen, die ihm bewusst ihr Leben anvertrauen.

Du warst aber rasch entschlossen. Ohne dir Zeit zum Nachdenken zu erbitten, ohne dir über alle möglichen und unvermeidlichen Konsequenzen klar zu sein, hast du einfach Ja gesagt - wie war das nur möglich?

Wer Gott wirklich liebt und ihm vertraut, braucht keine Bedenkpause. Ich musste nicht gleich alles bis ins Letzte verstehen, es genügte mir zu wissen: Gott bietet mir diesen Weg an, und wenn er mich führt, dann wird nichts schief gehen. So konnte ich ohne Sorge und Angst meine Zustimmung geben.

Viele Menschen unserer Zeit haben Angst, ihr Leben so aus der Hand zu geben....

Ja, wer Gott noch nicht kennt, wer keine persönliche Beziehung zu ihm hat, für den ist ein solcher Schritt sicher schwer, ja fast unmöglich. Keiner möchte sich selbst wegwerfen, und das soll er auch nicht! Gerne möchte ich allen helfen, in eine Vertrautheit mit Gott hineinzuwachsen, wie ich sie hatte. Sie bewahrt einen nicht vor Überraschungen, auch nicht vor Leiden, aber sie gibt tiefe Geborgenheit und Sicherheit in allen Lebenslagen!

Selig bist du, weil du geglaubt hast!

Zum 2. Gesätz des freudenreichen Rosenkranzes: „Den du, o Jungfrau zu Elisabet getragen hast“

Wort der Heiligen Schrift:

Nach einigen Tagen machte sich Maria auf den Weg und eilte in eine Stadt im Bergland von Judäa. Sie ging in das Haus des Zacharias und begrüßte Elisabet. Als Elisabet den Gruß Marias hörte, hüpfte das Kind in ihrem Leib. Da wurde Elisabet vom Heiligen Geist erfüllt und rief mit lauter Stimme: Gesegnet bist du mehr als alle anderen Frauen, und gesegnet ist die Frucht deines Leibes. Wer bin ich, dass die Mutter meines Herrn zu mir kommt? In dem Augenblick, als ich deinen Gruß hörte, hüpfte das Kind vor Freude in meinem Leib. Selig ist die, die geglaubt hat, dass sich erfüllt, was der Herr ihr sagen ließ.

Lk 1,39-45

Reporter: Heilige Maria, wieder begrüßen wir dich sehr herzlich zum Gespräch!

Maria: Auch ich grüße alle Zuhörer. Ich freue mich über jeden Einzelnen, der für die Fragen des Glaubens Interesse hat!

Heute wollen wir mir dir, Maria, über deinen Weg zu deiner Verwandten Elisabet sprechen. Warum bist du überhaupt zu ihr gegangen?

Ich hatte erfahren, dass sie in ihrem hohen Alter noch ein Kind erwartete – und da musste ich einfach helfen. Ich habe natürlich auch viel über die Botschaft des Engels nachgedacht. Es war unglaublich, was Gott mir und der Welt schenken wollte. Die Freude und Dankbarkeit waren damals übergroß- und da brauchte ich jemanden zum Reden! In Elisabet hatte ich ganz unerwartet eine Vertraute gefunden! Und mehr noch: eine Frau, die in ähnlicher Weise Gottes Wirken erfahren hatte wie ich! Die Botschaft der Menschwerdung Gottes war wunderbar, aber sie hat mich auch sehr einsam gemacht Kannst du das verstehen?

Ja, das kann ich nachfühlen! Bei Elisabet wurdest du wieder auf unerwartete Weise begrüßt: Selig bist du, weil du geglaubt hast! Hat dich dieses Wort auch verwirrt wie die Anrede bei der Verkündigung?

Nein, dieses Mal habe ich mich einfach gefreut. Ich war jetzt schon einiges gewöhnt! Dieses prophetische Wort war für mich wie eine Bestätigung, dass Gott auch Elisabet in besonderer Weise beschenkt hatte.

War Elisabet auch so stark im Glauben gefordert worden wie du? Du musstest glauben, dass Gott seinen Sohn ohne Mitwirkung eines Mannes zur Welt kommen lassen kann.

Vielleicht nicht ganz so extrem, aber immerhin. Ihrem Mann Zacharias ist es bekanntlich nicht so gut ergangen, als ihm in seinem hohen Alter die Geburt eines Sohnes angekündet wurde. Er konnte nicht glauben, Elisabeth offenbar schon.

Und die jungfräuliche Geburt war bei dir nicht die einzige Herausforderung. Matthäus berichtet in seinem Evangelium von verschiedenen Heimsuchungen, die du sehr bald nach der Verkündigung zu spüren bekommen hast: Die Ratlosigkeit des hl. Josef über deinen Zustand, die Verfolgung des Jesuskindes nach seiner Geburt und so weiter. Hat das deinen Glauben erschüttert?

Jein, wenn ich so sagen darf! Natürlich habe ich die Leiden, die bald gekommen sind, wie jeder Mensch sehr intensiv gespürt. Und ich muss auch zugeben, dass es mich zunächst überrascht hat, dass Gott solche Situationen zulässt. Er hätte die Wege ja besser glätten können! So stellen wir Menschen es uns zumindest vor!

Und dir hat das nicht die Ruhe und den Schlaf geraubt?

Es hat mir schon zugesetzt – aber mich nicht in Panik getrieben. Ich wusste auch keinen Ausweg, aber gerade das hat mir geholfen, mich und die ganze verfahrene Situation Gott zu überlassen. Er allein konnte helfen! Allmählich begriff ich dann, dass Gott Krisen zulässt, weil er einen Plan damit hat. Er rettet uns nicht vor dem Leid, sondern im Leid und durch das Leid. Er weiß sehr gut, dass Bedrängnisse unseren Glauben, unser Vertrauen und unsere Liebe herausfordern. Aber gerade dadurch wachsen und reifen sie. Und genau das ist ihm wichtig, denn genau das ist das Ziel unseres ganzen Lebens!

Viele Menschen beten in großer Not zu Gott. Sie flehen, dass er sie wieder gesund mache, dass er das kranke Kind rette, dass er einen Schicksalsschlag abwende und so weiter. Sie geben sich wirklich Mühe und bringen ihr ganzes Vertrauen ins Spiel. Und doch kenne ich so manche Enttäuschte, denen Gott ihre Bitte anscheinend nicht erfüllt hat. Wie sollen sie da in Zukunft noch glauben können?

Ich kann solche Menschen gut verstehen! Und ich fühle mit ihnen! Vielleicht kann es hilfreich sein, über die Voraussetzungen nachzudenken, – wenn ich so sagen darf – die es Gott leichter machen, uns Menschen zu führen und zu erhören.

Und das wären?

Zum Beispiel kenne ich leidbedrängte Menschen, die zwar intensiv beten, aber ganz genau zu wissen glauben, was Gott nun zu tun habe. Es tut mir im Innersten weh, wenn ich so ein Gebet höre, denn es findet selten Erhörung. Solche Menschen sehen nur eine einzige Möglichkeit. Gott aber ist viel größer, sein Horizont ist weiter, hellsichtiger, und er möchte vielleicht anders helfen. Wenn aber der Beter nur auf einen einzigen Punkt starrt, den er als Lösung sieht, ist eine Enttäuschung vorprogrammiert.... Wie schmerzlich ist das für ihn, wie schmerzlich auch für mich, wenn ich fürbittend helfen will, und wie schmerzlich – wenn man so sagen darf – auch für Gott, der seine Liebe nicht walten lassen kann, weil der Glaube und die Offenheit fehlen.

Wie soll man dann beten?

Jesus selbst hat uns durch sein eigenes Beispiel am Ölberg gelehrt, auch in großer Angst zu sprechen: „Nicht mein, sondern dein Wille geschehe!"

Das ist aber sehr schwer!

Ja, das kann fordernd sein, weil man dann sich selbst und seine Pläne loslassen muss! Vielleicht ist es leichter, im Gebet einige „Zwischenschritte" zu setzen: Vater, ich weiß, dass du meine Not kennst! Ich weiß auch, dass du mich liebst und mir helfen willst. In deiner Weisheit siehst du am besten, was für uns alle gut ist. Ich vertraue dir meine Sorge an. Bitte, schenke uns dein Erbarmen und zeige die Macht deiner Allmacht und Liebe. Ich traue dir alles zu, sogar ein Wunder, wenn es dir so gefällt. Aber ich bin bereit, deine Fügung anzunehmen und bin überzeugt: es ist in jedem Fall gut so.

Wie kommt man zu einem solchen großen Glauben?

Wir müssen darum bitten, und diese Bitte wird von Gott immer erfüllt, ganz sicher, das kann ich versprechen! Wenn einer so betet, dann nimmt ihn Gott auf einen Weg mit, der ihn innerlich wachsen lässt. – Und er wird sicher die Freude erleben, dass Gott ihn erhört und führt, vielleicht anders, als er sich das vorgestellt hat, aber ganz gewiss! Das habe ich in schwierigen selbst Situationen erfahren! Ich bitte für euch alle, dass ihr euch den Mut zu einem solchen Abenteuer mit Gott schenken lasst!

O wunderbarer Tausch!

Zum 3. Gesätz des freudenreichen Rosenkranzes: „Den du o Jungfrau, zu Betlehem geboren hast“

Wort der Heiligen Schrift:

In jenen Tagen erließ Kaiser Augustus den Befehl, alle Bewohner des Reiches in Steuerlisten einzutragen. Dies geschah zum erstenmal; damals war Quirinius Statthalter von Syrien. Da ging jeder in seine Stadt, um sich eintragen zu lassen.

So zog auch Josef von der Stadt Nazaret in Galiläa hinauf nach Judäa in die Stadt Davids, die Betlehem heißt; denn er war aus dem Haus und Geschlecht Davids. Er wollte sich eintragen lassen mit Maria, seiner Verlobten, die ein Kind erwartete.
Als sie dort waren, kam für Maria die Zeit ihrer Niederkunft, und sie gebar ihren Sohn, den Erstgeborenen. Sie wickelte ihn in Windeln und legte ihn in eine Krippe, weil in der Herberge kein Platz für sie war.

In jener Gegend lagerten Hirten auf freiem Feld und hielten Nachtwache bei ihrer Herde. Da trat der Engel des Herrn zu ihnen, und der Glanz des Herrn umstrahlte sie. Sie fürchteten sich sehr, der Engel aber sagte zu ihnen: Fürchtet euch nicht, denn ich verkünde euch eine große Freude, die dem ganzen Volk zuteil werden soll: Heute ist euch in der Stadt Davids der Retter geboren; er ist der Messias, der Herr. Und das soll euch als Zeichen dienen: Ihr werdet ein Kind finden, das, in Windeln gewickelt, in einer Krippe liegt. Und plötzlich war bei dem Engel ein großes himmlisches Heer, das Gott lobte und sprach: Verherrlicht ist Gott in der Höhe, und auf Erden ist Friede bei den Menschen seiner Gnade.

Lk 2,1-14

Reporter:* *Maria, heute wollen wir mit dir über ein ganz besonderes Ereignis der Heilsgeschichte sprechen. Es hat unsere ganze Kultur so geprägt hat wie kein anderes: Ich meine damit die Geburt Jesu. Bis heute teilen wir die Weltgeschichte in die Zeit vor und nach seiner Geburt ein – und das weltweit! Wie siehst du das?

Maria: Auch für mich war dieses Ereignis das wichtigste und berührendste meines ganzen Lebens!

Dabei war doch die Geburt deines Sohnes im Stall nicht das, was du dir vorgestellt hattest, oder irre ich mich da?

Das stimmt, für mich war dieses Ereignis voll von Überraschungen, schönen und schmerzlichen!

Hätte für den Welterlöser nicht eine Geburt in einem Königspalast besser gepasst?

Ich habe nie an einen Königspalast gedacht, der war ganz außerhalb meiner Vorstellungen und Träume. Mir war das auch gar nicht wichtig.

Inwiefern hat dann die Geburt in Betlehem deine Vorstellungen gesprengt?

Die Reise nach Betlehem zur Volkszählung, wo mein Mann Josef Besitzungen hatte, war sicher nicht das, was ich mir so knapp vor der Geburt ausgesucht hätte. Und die überraschende Geburt dann erst! Wir haben uns in einem leeren Stall geflüchtet, wie es dort viele gibt, und das war natürlich nicht bequem! Zunächst war es eine gewaltige Herausforderung für unseren Glauben, besonders für Josef, der ja nur von seinem Traum her wusste, dass mein Kind der Welterlöser werden sollte. Erst im Verarbeiten aller diese Geschehnisse ist uns später klar geworden, dass Gott auch und gerade da seine Hand im Spiel hatte...

Wo sollte da Gott am Werk gewesen sein? War die Geburt im Stall denn eine gute Reklame für seinen Sohn?

Nach den Weissagungen der Propheten, besonders des Propheten Micha sollte der Messias aus dem Haus Davids und seiner Stadt Betlehem kommen. Das wurde nun durch diese Geburt unterstrichen. Ebenso zeigt sie programmatisch an, dass mein Sohn die Welt nicht durch Macht, Pracht und Reichtum, sondern durch ganz andere Qualitäten retten sollte: durch seine Solidarität mit allen Menschen, besonders den Armen, durch seine unbeirrbare Geduld und die Fähigkeit, gerade schwierige und unverständliche Situationen im Leben zu verwandeln.

Zu verwandeln?

Ja, Jesus zeigt uns durch die Geburt im Stall, dass wahre Macht nicht Ansehen und Reichtum braucht. Sie kann sich auch in Armut und Ohnmacht durchsetzen; sie benötigt auch keine Waffen, sondern Liebe; Gewalt kann sie letztlich nicht zerstören, da die Geduld wesentlich stärker ist als sie. Aber das erschließt sich nicht auf den ersten Blick, nur dem Betenden wird diese Einsicht geschenkt!

War dir das alles schon klar bewusst, als du Jesus zur Welt brachtest?

Natürlich nicht. Auch mir hat sich die ganze Tiefe dieses Geheimnisses erst allmählich erschlossen. Und doch wurde ich von dieser Geburt ganz tief in den Bann gezogen. Es können wohl alle Mütter bestätigen, dass es immer ein zutiefst berührendes Erlebnis ist, wenn ein Kind zur Welt kommt. Für mich kam noch dazu, dass ich wusste, dass dieses Kind tatsächlich Gottes Sohn ist. Das war ein ganz neues Kapitel in der Menschheitsgeschichte!

Was hat sich dadurch geändert?

Nun war Gott nicht mehr über uns, sondern neben uns, er war sichtbar, berührbar, in gewissem Sinn greifbar geworden. Er hatte seine Unendlichkeit und Unfassbarkeit zurückgelassen, um einer von uns zu werden. Und doch stand Gott hinter diesem wimmernden Säugling, in diesem schreienden Kleinen war der unendliche, ewige Gott gegenwärtig. Wer kann das fassen? Ich bete dieses Geheimnis heute noch an, nach zweitausend Jahren Geschichte, die seither vergangen sind!

Doch die Welt ist seit diesem Tag nicht wesentlich anders geworden. Noch immer gibt es Unrecht und Hass, Leid und Tod, Krieg und Katastrophen!

Und doch hat das alles seit Jesu Geburt und Leben eine andere Dimension, eine Tiefe, eine Kraft in sich, die vorher nicht offenkundig waren: Seit der Menschwerdung ist Gott in ganz neuer Weise mit uns, er ist einer von uns geworden und einer von uns geblieben, solange es auf der Welt Menschen gibt. Er verbindet sich mit jedem Menschen, möchte alle an sich ziehen, erlösen und mit seinem göttlichen Leben beschenken. Und gerade in Unheilssituationen ist er da, er kennt sie ja aus eigener Erfahrung! Er will helfen, trösten und aus dem Untergang neues österliches Leben erstehen lassen, wenn wir ihm nur Raum geben!

Wie willst du das einem Menschen von heute, der von Gott nichts hält, plausibel machen?

Dem vordergründigen Blick bleibt es verborgen. Doch manchmal strahlt nach einer Katastrophe plötzlich ein Licht auf, wenn einer genauer hinsieht und für Deutungen offen ist, die tiefer gehen. So sind in den Gräueln des zweiten Weltkrieges Menschen über sich hinausgewachsen zu erstaunlicher Größe, denken wir nur an Franz Jägerstätter, Maximilian Kolbe, Edith Stein und viele andere. Gebet und Glaube haben bei der Überwindung waffenklirrender Systeme bisweilen eine wahrhaft umstürzende Wirkung gehabt, bei der Überwindung des Kommunismus ebenso wie bei der sogenannten Rosenkranzrevolution auf den Philippinen. Und man könnte diese Liste noch lange fortsetzen.

Was willst du uns damit sagen?

Dass seit der Menschwerdung Gottes alle Weltgeschichte zugleich Heilsgeschichte ist, dass der Sohn Gottes selbst ebenso verborgen, scheinbar ohnmächtig und wehrlos ist wie in Betlehem. Und doch lädt er uns durch alle Ereignisse hindurch ständig in sein Reich der Liebe ein und will jeden Menschen mit seinem göttlichen Leben beschenken. Schon im Paradies war es die tiefste Sehnsucht der ersten Menschen, wie Gott zu sein. Und seit der Menschwerdung Jesu läuft diese Hoffnung nicht mehr ins Leere! Die Liturgie der Christen staunt darüber schon seit zwei Jahrtausenden, wenn sie die Weihnachtsantiphon singt: O wunderbarer Tausch! Das göttliche Wort wurde ein sterblicher Mensch, und wir sterbliche Menschen empfangen in Christus sein göttliches Leben!

Licht, das ausstrahlt und die Welt erleuchtet

Zum 4. Gesätz des freudenreichen Rosenkranzes „Den du o Jungfrau im Tempel aufgeopfert hast“

Wort der Heiligen Schrift:

In Jerusalem lebte damals ein Mann namens Simeon. Er war gerecht und fromm und wartete auf die Rettung Israels, und der Heilige Geist ruhte auf ihm. Vom Heiligen Geist war ihm offenbart worden, er werde den Tod nicht schauen, ehe er den Messias des Herrn gesehen habe.

Jetzt wurde er vom Geist in den Tempel geführt; und als die Eltern Jesus hereinbrachten, um zu erfüllen, was nach dem Gesetz üblich war, nahm Simeon das Kind in seine Arme und pries Gott mit den Worten:

Nun lässt du, Herr, deinen Knecht, wie du gesagt hast, in Frieden scheiden. Denn meine Augen haben das Heil gesehen, das du vor allen Völkern bereitet hast, ein Licht, das die Heiden erleuchtet, und Herrlichkeit für dein Volk Israel.

Sein Vater und seine Mutter staunten über die Worte, die über Jesus gesagt wurden.

Und Simeon segnete sie und sagte zu Maria, der Mutter Jesu: Dieser ist dazu bestimmt, dass in Israel viele durch ihn zu Fall kommen und viele aufgerichtet werden, und er wird ein Zeichen sein, dem widersprochen wird. Dadurch sollen die Gedanken vieler Menschen offenbar werden. Dir selbst aber wird ein Schwert durch die Seele dringen.

Damals lebte auch eine Prophetin namens Hanna, eine Tochter Penuëls, aus dem Stamm Ascher. Sie war schon hochbetagt. Als junges Mädchen hatte sie geheiratet und sieben Jahre mit ihrem Mann gelebt; nun war sie eine Witwe von vierundachtzig Jahren. Sie hielt sich ständig im Tempel auf und diente Gott Tag und Nacht mit Fasten und Beten. In diesem Augenblick nun trat sie hinzu, pries Gott und sprach über das Kind zu allen, die auf die Erlösung Jerusalems warteten.

Lk 2,21-38

Reporter: Wir freuen uns, dass wir heute mit dir, Maria, wieder über eine Begebenheit sprechen können, die du persönlich miterlebt hast. Das vierte Gesätz des freudenreichen Rosenkranzes führt uns in den Tempel nach Jerusalem. Was ist dir von diesem Ereignis besonders tief im Gedächtnis geblieben?

Maria: Mein erster Besuch mit Jesus in Jerusalem war ein einschneidendes Ereignis, voll tiefer Bedeutung für mich, für Jesus und auch für euch. Vieles ist mir daran unvergesslich – bis heute!

Warum bist du mit Josef und dem Jesuskind überhaupt zum Tempel hinaufgegangen? In der Bibel heißt es, du wolltest ihn dem Herrn weihen. Die anderen Mütter in Israel kauften nach dem Gesetz des Mose ihren Erstgeborenen durch eine Geldzahlung beim nächsten Priester los, du aber machst eine lange Reise?

Ja, diese Bestimmung im mosaischen Gesetz, dass jede männliche Erstgeburt dem Herrn geweiht sein solle, schien mir sehr bedeutsam. Für wen passte sie besser als für Jesus, der ja vom Mutterschoß an Sohn Gottes war? Deshalb wollte ich durch diesen Gang nach Jerusalem noch unterstreichen, dass er für sein ganzes Leben dem Herrn gehören sollte – ähnlich wie es schon Hanna, die Mutter Samuels, im Alten Testament gemacht hatte.

Doch der Besuch im Tempel lief dann nicht so still und beschaulich ab, sondern brachte für dich manche Überraschung...

Die Begegnung mit Simeon und Hanna bestärkten mich sehr im Glauben. Ich staunte darüber, dass der Geist Gottes die beiden gerade jetzt herbeigeführt hatte. Von selbst erkannten und verkündeten sie die weltweite Bedeutung meines Sohnes. Ich glaube auch, dass es kein Zufall war, dass ich sie genau in diesem Augenblick traf. Ich wollte ja Jesus dem Vater hinhalten, um ihn ganz in seinen Dienst zu entlassen...

Kannst du uns das näher erklären?

Gerne. Es war mir ein echtes Bedürfnis und eine tiefe Freude, Jesus dem Vater zurückzugeben. Er hatte ihn mir ja geschenkt und anvertraut. Aber ich wollte ihn nicht für mich behalten, sondern ganz selbstlos freigeben für seine Sendung. Von ihr hatte ich natürlich noch keine klaren Vorstellungen, aber ich war überzeugt, dass der Kern dieser Sendung nicht in großen Taten bestand, sondern im liebenden Gehorsam gegenüber dem Vater im Himmel.

Wie bist du zu dieser Überzeugung gekommen?

Meine bisherigen Erfahrungen mit Jesus haben mit dazu geführt: Niemand in der Welt nahm Notiz von ihm, als ich ihn empfing oder zur Welt brachte. So schloss ich daraus, dass das kein Zufall war. Offenbar kam es vor Gott nicht auf die Aufmerksamkeit der Öffentlichkeit an, sondern auf etwas ganz anderes!

Würde unsere Welt nicht eine viel – wie soll ich sagen – wirkungsvollere Erlösung brauchen? Es gibt doch so viel ungerechter Strukturen, soziale Ungerechtigkeiten, Tyrannei, Hunger, Unterdrückung und andere Übel!

All das kommt aus dem einen tiefsten Übel, dass der Mensch nicht auf Gott hört, ihm nicht gehört und nicht das Reich Gottes sucht, sondern sein eigenes Reich. Und das geschieht oft mit Gewalt und unrechten Mitteln! So ist das eigentliche „Gegengift" Glaube, Gehorsam, Vertrauen und Hingabe an Gottes Willen und seine Führung!

Simeon hat bei eurer Begegnung im Tempel nicht nur das Heil gepriesen, das durch den Erlöser beginnt, sondern dir gleichzeitig einiges aus deinem Leben vorausgesagt – und das war ganz schön „happig", wie man so in der Umgangssprache sagt!

Ja, seine Worte haben mich tief getroffen. Sehr oft habe ich über sie nachgedacht – und sie haben mir später geholfen, als Jesu Leben die schmerzvolle Wende durchmachte. Eben hatten ihm noch die Massen zugejubelt, auf einmal spürte ich aber wachsende Ablehnung und Feindschaft bis hin zum Kreuz! Da merkte ich, dass diese Ereignisse nicht einfach eine tragische Entwicklung waren, sondern eine notwendige Bedingung, um seine Hingabe und seinen Gehorsam bis zum Ende zu führen.

Und du hast gleichzeitig hautnah gespürt, dass es nicht genügt, den Erlöser darzubringen, sondern dass das so seine Konsequenzen für das eigene Leben hat....

Mein Dasein war aufs engste mit seinem verbunden, äußerlich und viel mehr noch innerlich. Schon bei dieser Darbringung sagte ich bewusst mein Ja zu seinem Leben und zu meinem Leben mit allem, was dazugehört. Simeons Worte halfen mir, da auch das Leidvolle nicht auszuklammern. Es war wie eine Vorahnung schon für die Stunde unter dem Kreuz!

Ist die Gemeinschaft mit Jesus also etwas sehr Mühsames und Schmerzliches?

So würde ich das nicht sagen! Es ist Teilhabe an allem, was Jesu Leben ausmachte, auch an seiner tiefen erfüllenden und froh machenden Beziehung zum Vater, seiner Vertrautheit mit ihm, seiner Liebe zu den Menschen und der innere Fruchtbarkeit und Erfüllung seines Lebens. Das sind wunderbare Erfahrungen, die einen von innen heraus froh machen! Aber dazu gehört eben auch die Teilhabe an dem Schmerzlichen, das er bis zum Ende durchgetragen hat. Und hier möchte ich betonen: Ganz am Ende steht bei ihm nicht das Leid, sondern die Herrlichkeit der Auferstehung! Sie zeigt anschaulich, dass der Vater einen Menschen nie verlässt, wenn dieser ganz auf ihn vertraut.

Und was hat diese Szene im Tempel für uns zu sagen? Ist sie uns nur aus historischem Interesse überliefert!

Ganz bestimmt nicht! Ich habe die tiefe Bedeutung dieser Szene auch erst viel später, nach der Auferstehung Jesu, ganz verstanden, als ich mit der ersten Christengemeinde das Brotbrechen, die Eucharistie, gefeiert habe. Da merkte ich auf einmal, dass diese Feier seines Todes und seiner Auferstehung schon in diesem Ereignis im Tempel vorausgebildet war.

Das ist aber ein ungewöhnlicher Gedanke!

Er liegt aber auf der Hand! Jesus brachte sich im Tempel durch meine Hände dem Vater dar, ich stand neben ihm und opferte mit, da unser beider Leben ja zutiefst eins war. Und aus diesem Opfer strömte Licht aus, das Menschen erleuchten, froh machen und erfüllen soll. Geschieht das nicht auch in jeder Eucharistiefeier?

So kann man es sicher sagen! Aber glaubst du, dass das den Teilnehmern bewusst ist?

Vielleicht nicht. Es wäre aber eine große Bereicherung, es ihnen bewusst zu machen!

Und noch eine Ähnlichkeit fällt mir ein: Wie dieses gemeinsame Opfer Jesus und mich zu einer Schicksalsgemeinschaft zusammengeschweißt hat, so ist es auch bei jeder Eucharistiefeier: Jeder, der mitfeiert und mitopfert, darf und soll mit Jesus auch sich selber darbringen. Das verwandelt das eigene Leben und verbindet es mit Jesus, seinem Tod und seiner Auferstehung. Dann wird auch das Dasein des

Mitfeiernden fruchtbar und erlösend – ein Licht, das ausstrahlt und die Welt erleuchtet!

Der Eintritt Jesu ins Erwachsenenalter

Zum 5. Gesätz des freudenreichen Rosenkranzes: „Den du, o Jungfrau im Tempel gefunden hast"

Wort der Heiligen Schrift:

Die Eltern Jesu gingen jedes Jahr zum Paschafest nach Jerusalem. Als er zwölf Jahre alt geworden war, zogen sie wieder hinauf, wie es dem Festbrauch entsprach. Nachdem die Festtage zu Ende waren, machten sie sich auf den Heimweg. Der junge Jesus aber blieb in Jerusalem, ohne dass seine Eltern es merkten. Sie meinten, er sei irgendwo in der Pilgergruppe, und reisten eine Tagesstrecke weit; dann suchten sie ihn bei den Verwandten und Bekannten.

Als sie ihn nicht fanden, kehrten sie nach Jerusalem zurück und suchten ihn dort. Nach drei Tagen fanden sie ihn im Tempel; er saß mitten unter den Lehrern, hörte ihnen zu und stellte Fragen. Alle, die ihn hörten, waren erstaunt über sein Verständnis und über seine Antworten.

Als seine Eltern ihn sahen, waren sie sehr betroffen, und seine Mutter sagte zu ihm: Kind, wie konntest du uns das antun? Dein Vater und ich haben dich voll Angst gesucht. Da sagte er zu ihnen: Warum habt ihr mich gesucht? Wusstet ihr nicht, dass ich in dem sein muss, was meinem Vater gehört? Doch sie verstanden nicht, was er damit sagen wollte.

Dann kehrte er mit ihnen nach Nazaret zurück und war ihnen gehorsam. Seine Mutter bewahrte alles, was geschehen war, in ihrem Herzen.

Lk 2,41-51

Reporter: Heute wollen wir mit dir, Maria, ein Thema besprechen, das gerade für Mütter besonders interessant ist. Viele sorgen sich um ihre Kinder und haben den Eindruck, sie irgendwie verloren zu haben! Kannst du das verstehen?

Maria: Ja, sehr gut! Ich fühle mich mit allen sehr verbunden, die um eine gute Beziehung zu ihren Kindern ringen. Wie schwer das sein kann, habe ich selbst erfahren. Es ist oft eine Gratwanderung, junge Menschen zu begleiten und doch nicht zu bevormunden und einzuengen!

Wie hast du selbst die rechte Mitte gefunden?

Das ging auch bei mir nicht ohne Konflikte! Von ihnen lesen wir in der heutigen Bibelstelle bloß ein Beispiel. Mir ist es also nicht anders ergangen als vielen anderen Müttern auch!

Aber Jesus war sicher nicht ein Kind wie alle anderen. War es da vielleicht noch schwieriger?

Das weiß ich nicht. Vielleicht schon, denn die Berufung Jesu war so einmalig, dass auch ich oft vor einem Rätsel stand. Aber gleichzeitig war er ein gutwilliges und ausgeglichenes Kind.

Kannst du uns erzählen, wie du die erste Jerusalemwallfahrt deines Sohnes erlebt hast?

Ihr wisst vielleicht, dass jüdische Knaben mit dem 13. Lebensjahr volljährig werden. Da bedeutete diese Reise sozusagen seinen Eintritt ins Erwachsenenalter. Und dieser Eintritt in die Selbstverantwortung hatte es in sich!

War es dir nicht recht, dass er so energisch sein Leben in die Hand genommen hat?

Das wäre für mich kein Problem gewesen, nur hätte er seine Pläne wohl mit Josef und mir absprechen können. ..

Verzeihe, wenn ich da jetzt einen Vergleich brauche, der vielleicht unpassend ist. Hat sich Jesus hier nicht wie ein pubertierender Teenager benommen? Diese wollen doch auch Verantwortung für sich selbst übernehmen, sind aber dabei doch noch halbe Kinder, denen die nötige Erfahrung fehlt!

Ich glaube, da ist etwas dran. Jesus hat als wahrer Mensch auch eine wirkliche menschliche Entwicklung durchlaufen. Und es stimmt: Dazu gehören auch die Umbrüche etwa im Trotzalter oder in der Pubertät.

Wie sieht das Handeln Jesu für dich aus, wenn du es unter diesem Vorzeichen betrachtest?

Manches wird plausibler! Aber es erklärt wohl nicht alles!

Kannst du das näher ausführen?

Uns allen in der Familie war der Wille Gottes etwas Wichtiges und Zentrales. Bis zu diesem Augenblick hatten wir gemeinsame Vorstellungen, was dieser Wille von uns verlangt. Und ich hätte es nie weder gewagt, noch gewollt, etwas für Jesus ins Auge zu fassen, was diesem Willen nicht entsprach. Bei diesem Besuch in Jerusalem aber wurde mir klar, dass Jesu Weg nicht so verlaufen würde, wie wir ihn uns vorgestellt haben.

Hattet ihr schon konkrete Vorstellungen, was er hätte tun sollen?

Nein, so konkret nicht. Aber die ersten Jahre hat sich Jesus wie jedes normale Kind verhalten. So war es eine Überraschung, als er auf einmal ganz anders handelte, als wir gewohnt waren.

Eben wie ein pubertierender Jugendlicher...

So einfach ist das nicht. Bei ihm ging es nicht nur um die Entdeckung seiner eigenen Persönlichkeit, sondern um Tieferes: Um seine völlige Zugehörigkeit zu Gott, der sein Vater ist. Da greifen irdische Überlegungen, mögen sie auch noch so berechtigt sein, einfach zu kurz!

Es ging also für dich um das Loslassen!

Genau. Wie jede Mutter musste ich Jesus nicht nur einmal loslassen, sondern immer wieder, und auch oft unter Schmerzen. Mit der Zeit wurde es dann leichter, weil ich sah, dass er zielstrebig seinen Weg ging. Und weißt du, was schon bei dieser ersten derartigen Erfahrung mein Trost war? Dass mein Sohn im Tempel vor den Schriftgelehrten seine Reife und die Tiefe seiner Einsicht in den Heilsplan Gottes unter Beweis gestellt hat. So gilt diese Szene heute mit Recht als ein Höhepunkt der Kindheitsgeschichte!

Zum Abschluss noch eine sehr persönliche Frage: Woher hast du die Kraft genommen, Jesus in dieser dramatischen Szene so ruhig und beherrscht um eine Stellungnahme zu bitten? Andere Eltern hätten getobt oder sogar Strafen verteilt....

Da war mir meine Achtung und Ehrfurcht vor ihm eine große Hilfe. Ich wusste, dass er Gottes Sohn war. Und wenn mich sein Verhalten auch aufs Äußerste erregte, so war mir im Tiefsten doch klar, dass es sicher einen Grund dafür gibt.

Kannst du uns aus deiner Erfahrung mit Jesus einen Tipp geben, wie wir mit Glaubensschwierigkeiten umgehen sollen? Was könnte uns helfen, wenn wir Gott nicht mehr verstehen?

Ich würde euch raten, es so zu machen wie ich: Fragt ihn im Gebet und horcht dann, ob er in der Stille des Herzens, im Wort der Schrift oder in einem Ereignis des Lebens eine Antwort gibt. Das muss nicht augenblicklich geschehen, aber doch im Lauf der Zeit. Auch ich musste diese Szene lange im Herzen bewegen, bis ich Jesu Tun verstehen konnte. Aber es hat sich gelohnt: Später wurde dieses Ereignis im Tempel für mich sogar eine wegweisende Hilfe. Nach dem Tod und der Auferstehung meines Sohnes sah ich auf einmal die Parallele: Damals im Tempel und dann wieder unter dem Kreuz musste ich Jesus seinen Weg gehen lassen, der ganz anders war, als ich es gewünscht hatte. Beide Male folgte er unbeirrbar seinem Vater. Und beide Male wurde er mir nach drei Tagen wieder geschenkt! Das war gewiss kein Zufall! Das war vielmehr die Pädagogik Gottes, der uns auch auf unbegreiflichen Wegen sicher in der Hand hält und führt.

Lichtreicher Rosenkranz

Jesus verkündet das Reich Gottes vom Boot des Petrus aus

Gerechtigkeit – was ist das?

Zum 1. Gesätz des lichtreichen Rosenkranzes: „Der sich von Johannes taufen ließ“

Wort der Heiligen Schrift:

Zu dieser Zeit kam Jesus von Galiläa an den Jordan zu Johannes, um sich von ihm taufen zu lassen. Johannes aber wollte es nicht zulassen und sagte zu ihm: Ich müsste von dir getauft werden, und du kommst zu mir? Jesus antwortete ihm: Lass es nur zu! Denn nur so können wir die Gerechtigkeit (die Gott fordert) ganz erfüllen. Da gab Johannes nach.

Kaum war Jesus getauft und aus dem Wasser gestiegen, da öffnete sich der Himmel, und er sah den Geist Gottes wie eine Taube auf sich herabkommen. Und eine Stimme aus dem Himmel sprach: Das ist mein geliebter Sohn, an dem ich Gefallen gefunden habe.

Mt 3,13-17

Reporter:* *Heute sehen wir Jesus bei der ersten Tat seines öffentlichen Auftretens. Sie ist aber reichlich seltsam und schwer verständlich. Wie gut, dass du uns helfen wirst, Maria! Wir begrüßen dich herzlich in unserer Mitte!

Maria: Auch ich grüße alle! Ja, Jesus war zeit seines Lebens für Überraschungen gut, und er begann auch sein öffentliches Wirken mit einem solchen Paukenschlag. Ich darf zugeben, dass auch ich überrascht war, als ich davon erfuhr.

Um die Situation für alle, die heute bei uns sind, zu klären: Johannes lebte in der Wüste. Viele Menschen kamen zur Taufe zu ihm. Damit setzten sie ein deutliches Zeichen ihrer Abkehr von der Sünde. Sie bekannten ihre bösen Taten und ließen diese symbolisch beim Untertauchen abwaschen. Nun berichten alle Evangelisten, dass unter diesen vielen Menschen auch Jesus kam, um sich von Johannes taufen zu lassen. Wie sollen wir uns das erklären?

Schon Johannes der Täufer selbst war irritiert. Der Evangelist Matthäus verrät uns ja, er habe gesagt: „Ich hätte es nötig, von dir getauft zu werden und du kommst zu mir?“

Wie erklärst du dir das Verhalten Jesu?

Jesus beruft sich auf die Gerechtigkeit, die Gott verlangt.

Ist das nicht seltsam? Einerseits betont die Heilige Schrift, dass Jesus der Sündenlose war, und gleichzeitig stellt er sich als erste öffentliche Tat in die Reihe der Sünder!

Ich glaube, die Schwierigkeit liegt in der Deutung, die wir dem Wort Gerechtigkeit geben. Wir Menschen verstehen darunter im Anschluss an die griechische Philosophie ein Verhalten, das jedem das zukommen lässt, was er verdient, worauf er ein Anrecht hat. So gedeutet, würde das Verhalten Jesu ausdrücken: Ich bin ein Sünder und gehöre also zu denen, die Vergebung und Reinigung brauchen.

Ja, so klingt das für mich!

Wenn die Heilige Schrift aber von Gerechtigkeit spricht, meint sie damit etwas ganz anderes.

Aha! Das ist interessant! Was meint sie damit?

Im Sinne der Bibel ist das gerecht, was vor Gott recht ist, was ihm recht ist, was seinem Willen entspricht. Und Gott ist bei seiner Gerechtigkeit nicht vergeltend. Er gibt nicht jedem, was er verdient, sondern er ist schöpferisch: er gibt jedem, was er braucht, was ihm und den anderen hilft, immer mehr die zu werden, als die sie gedacht und erwählt sind!

Was bedeutet diese neue Sicht für die Taufe Jesu?

Sie fragt nicht, ob Jesu die Taufe wegen seines bisherigen Verhaltens brauchte, sondern sie fragt: Was möchte Gott unserer Welt schenken, wenn er Jesus als erste Tat zur Taufe schreiten lässt?

So sind wir jetzt beim Kern der Sache! Was schenkt uns Gott durch dieses Ereignis am Anfang des öffentlichen Auftretens Jesu?

Ich denke, dass uns der Text der Bibel schon wichtige Anhaltpunkte gibt: Nirgendwo steht geschrieben, dass Jesus seine Sünden bekennt, im Gegenteil: Der Vater bekennt sich öffentlich zu seinem geliebten Sohn, er schenkt ihm seinen Heiligen Geist in Fülle und fordert alle auf, auf ihn zum hören. Das gibt der Taufe eine ganz neue Dimension!

Tatsächlich! Kannst du das näher ausführen?

Die Taufe ist jetzt nicht mehr Abrechnung mit der Vergangenheit, sondern Einbruch einer neuen Schöpfung durch die Kraft Gottes! So zeigt die Taufe am Beginn des öffentlichen Wirkens Jesu schon an, was bei jeder christlichen Taufe geschieht. Es werden nicht nur die Sünden der Vergangenheit getilgt – das ist sozusagen der Rest der Johannestaufe – sondern der Mensch wird verwandelt in eine neue Schöpfung:

Der Heilige Geist kommt auf ihn herab und schenkt ihm göttliches Leben. Das hat zur Folge, dass jeder, der diese Taufe empfängt, nun tatsächlich geliebter Sohn oder geliebte Tochter Gottes ist. Sie gehören zur Familie Gottes und sind Geschwister Jesu geworden.

Das ist ein großes Wort!

Diese Zusage galt zunächst meinem Sohn Jesus. Auch für ihn war die Taufe ein entscheidender Augenblick zu Beginn seines Wirkens. Er war durch seine Menschwerdung ein wirkliches Menschenkind geworden. So wurde er nun selber durch die Zusage des Vaters und das Herabkommen des Heiligen Geistes für seine Aufgabe ausgerüstet. Das war für ihn eine große Hilfe, das hat er mir gesagt.

Ich vermute, dass dieses Erlebnis auch die anderen, die dabei waren, sehr beeindruckt hat.

So ist es! Der Evangelist Johannes bezeugt in seinem Evangelium noch Jahrzehnte später: Er, über den der Geist herabkam und auf dem er blieb, er ist es, der mit dem Heiligen Geist tauft!

Könnten wir die Taufe Jesu also als eine Art Sendungsfeier verstehen?

Ja, es war eine Sendungsfeier, und noch mehr als das: Gestärkt durch die Zusage des Vaters und die Kraft des Heiligen Geistes konnte Jesus nun zuversichtlich auftreten. Alles Weitere würde der Vater zur rechten Stunde fügen und schenken...

Und was sagt die Taufe Jesu für uns?

Sie erinnert uns, dass wir alle bei unserer Taufe von Gott reich beschenkt wurden, dass wir mit Jesus Kinder des Vaters und Empfänger seines Geistes sind. So dürfen wir am dreifaltigen Leben teilhaben und seine Liebe mit Liebe und Vertrauen beantworten.

Unauffällige Hilfe

Zum 2. Gesätz des lichtreichen Rosenkranzes: „Der sich auf der Hochzeit zu Kana offenbart hat“

Wort der Heiligen Schrift:

Am dritten Tag fand in Kana in Galiläa eine Hochzeit statt, und die Mutter Jesu war dabei. Auch Jesus und seine Jünger waren zur Hochzeit eingeladen. Als der Wein ausging, sagte die Mutter Jesu zu ihm: Sie haben keinen Wein mehr. Jesus erwiderte ihr: Was willst du von mir, Frau? Meine Stunde ist noch nicht gekommen. Seine Mutter sagte zu den Dienern: Was er euch sagt, das tut!

Es standen dort sechs steinerne Wasserkrüge, wie es der Reinigungsvorschrift der Juden entsprach; jeder fasste ungefähr hundert Liter. Jesus sagte zu den Dienern: Füllt die Krüge mit Wasser! Und sie füllten sie bis zum Rand. Er sagte zu ihnen: Schöpft jetzt, und bringt es dem, der für das Festmahl verantwortlich ist. Sie brachten es ihm.

Er kostete das Wasser, das zu Wein geworden war. Er wusste nicht, woher der Wein kam; die Diener aber, die das Wasser geschöpft hatten, wussten es. Da ließ er den Bräutigam rufen und sagte zu ihm: Jeder setzt zuerst den guten Wein vor und erst, wenn die Gäste zu viel getrunken haben, den weniger guten. Du jedoch hast den guten Wein bis jetzt zurückgehalten.

So tat Jesus sein erstes Zeichen, in Kana in Galiläa, und offenbarte seine Herrlichkeit, und seine Jünger glaubten an ihn.

Joh 2,1-11

Reporter: Heute kannst du, Maria, wieder aus deiner Erinnerung berichten. Die Hochzeit zu Kana fand ja nicht nur in deiner Anwesenheit statt, sondern du warst auch die innere Mitte des Geschehens. Siehst du das auch so?

Maria: Ja, die Hochzeit zu Kana war für mich ein sehr intensives Erlebnis und zugleich wie eine Zeitenwende: Jesu Abschied von daheim und sein öffentliches Auftreten hat damit endgültig begonnen!

Warst du mit den Brautleuten verwandt oder befreundet, dass du zur Hochzeit eingeladen warst?

Nein, bei uns in der Gegend bestand einfach der Brauch, dass die Frauen bei der Vorbereitung, beim Kochen, Backen, Servieren usw. zusammengeholfen haben. Denn Hochzeiten waren im Alten Orient etwas sehr Feierliches. Sie wurden meist eine ganze Woche lang begangen! Übrigens weist das Johannesevangelium sehr deutlich auf den Unterschied zwischen der Anwesenheit Jesu und meiner Aufgabe hin: Jesus und seine Jünger waren zur Hochzeit geladen. Ich aber war auch „dabei".

Du warst also voll in das Leben deines Dorfes integriert?

Natürlich! Ich liebte die Menschen und half gerne, wo immer ich konnte.

Ist das auch der Grund, warum du das Ausgehen des Weines zuerst gemerkt hast? Dem Bräutigam war es ja offenbar noch gar nicht aufgefallen!

Genau! Beim Nachschenken merkten wir Frauen als erste, dass der Wein zur Neige ging!

Jesus hatte bis dahin noch kein Wunder gewirkt. Wie bist du denn auf die Idee gekommen, ihn um Hilfe zu bitten?

Das möchte ich klar stellen. Es lag mir fern, Jesus um ein Wunder zu bitten. Ich wollte ihm diese Not der Brautleute einfach ans Herz legen. Er würde selber wissen, welche Hilfe möglich und angebracht war!

Die Reaktion Jesu war aber nicht gerade ermutigend! Er hat dich doch ziemlich barsch angefahren!

Du hast Recht! Auch mir hat es einen Stich ins Herz gegeben, als ich plötzlich als „Frau" angeredet wurde. War ich auf einmal nicht mehr seine Mutter?

Und wie deutest du das heute?

Auch dieses Wort Jesu habe ich lange im Herzen hin und her bewegt. Allmählich wurde mir klar, dass es keine Abwertung und Abweisung war.

Sondern?

Sondern Jesus wies mir damit die Rolle der Frau aus dem Buch Genesis zu, deren Sohn der Schlange den Kopf zertreten würde. Das ist eine hohe Ehre – wenn ich es auch damals nicht so verstanden habe!

Umso erstaunlicher ist deine Reaktion gewesen! Du hast dich ja nicht kleinkriegen lassen!

Ich kannte meinen Sohn und wusste, dass ihm die Not der Menschen zu Herzen geht. Aber ich wollte keinen Druck ausüben. Es war seine Sache, ob und wie er helfen wollte! Wie ich ihn kannte, würde man ihn nicht vergeblich bitten!

War das der Grund, warum du den Dienern gesagt hast: Was immer er euch sagt, das tut?

Natürlich! Ich wollte Jesus nicht festlegen, aber alles vorbereiten, dass er ungestört wirken konnte, ganz gleich, was er tun würde!

Ich bewundere deine Bescheidenheit und dein Vertrauen! Viele Menschen glauben sehr genau zu wissen, was Gott tun müsse, und zwar sofort!

Das ist einer der Gründe, worum Gott ihnen nicht so helfen kann, wie er gerne möchte. Sie sind nicht offen und geben seiner göttlichen Kreativität keinen Raum. Und so passiert anscheinend nichts – obwohl er doch einen guten, hilfreichen Weg gewusst hätte, wenn sie sich führen ließen!

Jetzt noch eine Frage zum Wein. Wenn Jesus sechs Krüge Wasser in Wein verwandelt hat, dann hatte man ja mehrere hundert Liter. Was habt ihr denn mit dieser Fülle getan?

Das war für uns kein Problem: Wenn man ein ganzes Dorf eine Woche lang bewirten soll, kann man eine Menge Wein brauchen! Trotzdem wäre ich nie auf die Idee gekommen, dass Jesu gleich einige hundert Liter köstlichsten Weins herbeischaffen würde. Es hat auch mich total überrascht! Aber so ist er: Wenn er nur Glauben findet und offene Bereitschaft, sich von ihm führen zu lassen, dann geschehen Dinge, für die die Hochzeit zu Kana nur ein kleines Vorzeichen ist!

Was sind das für Dinge?

Dann wandelt er den Wein unserer Enge, Traurigkeit und irdischen Not im rechten Augenblick in den köstlichen Wein seiner liebenden Nähe, seiner Kraft und seines vielleicht unauffälligen, aber souveränen Eingreifens!

Die freiwillige Revolution

Zum 3. Gesätz des lichtreichen Rosenkranzes: „Der uns das Reich Gottes verkündet hat"

Wort der Heiligen Schrift:

Nachdem man Johannes ins Gefängnis geworfen hatte, ging Jesus wieder nach Galiläa; er verkündete das Evangelium Gottes und sprach: Die Zeit ist erfüllt, das Reich Gottes ist nahe. Kehrt um, und glaubt an das Evangelium!

Mk 1,14-15

Reporter: Die Bibelstelle, über die wir heute mit dir sprechen wollen, Maria, ist vergleichsweise farblos. Da passiert nicht viel! Wir kennen sie, denn wir hören sie bald nach Jahresanfang im Sonntagsevangelium. Aber wen reißt diese Stelle schon vom Sessel?

Maria: Ich freue mich sehr, mit euch darüber zu sprechen. Ich halte die Bibelstelle von der Verkündigung des Reiches Gottes nämlich keineswegs für langweilig. Sie hat's in sich, wenn auch vielleicht erst beim zweiten oder dritten Hinhören!

Da sind wir aber gespannt!

Denk daran, dass wir heute über das allererste Wort nachdenken, das Jesus in der Bibel an alle Menschen gerichtet hat. Da geht es sozusagen um ein Herzwort, ein Schlüsselwort, um den Kern seiner ganzen Verkündigung, Und wie ein echter Meister der Sprache fasst Jesus sein Anliegen in zwei kurzen Sätzen zusammen, die sich jeder leicht merken kann. Um ihn zu verstehen, muss man keine langen und langatmigen Manifeste lesen!

Warum diese erste Verkündigung Jesus so bedeutsam?

Die übliche Übersetzung im Deutschen klingt auch gar nicht sensationell. „Das Reich ist nahe. Kehrt um und glaubt an das Evangelium!" Im griechischen Urtext hat das Wort eine viel intensivere Bedeutung. Man könnte sie so übersetzen. Das Reich Gottes ist da! Es ist nahegekommen, ja angekommen!

Was soll das heißen?

Mit solchen Worten wurden in der Antike Revolutionen ausgerufen und Umstürze eingeleitet. Es gibt also gar keine subversiveren Worte, wenn man so sagen will! Jesus verkündet damit, dass jetzt, mit seiner Ankunft auf dieser Erde, ein neues Weltzeitalter anbricht, das Zeitalter, in dem Gott in seiner Person die Herrschaft übernimmt!

Da habe ich aber eine provozierende Antwort: Jesus ruft eine Revolution aus – und seine Zuhörer reagieren gleichgültig bis gelangweilt. Das ist doch das Schlimmste, was einem Revolutionär passieren kann!

Du hast Recht. Darum ist es mir auch so wichtig, heute bei diesem Gespräch viele Menschen aufzurütteln. Ich möchte allen die Frage stellen: Was bedeutet das für dich persönlich, wenn Gott die Herrschaft antritt?

Davon hat man nun schon bald zweitausend Jahre lang nicht viel gemerkt!

Eben das ist der Unterschied! Irdische Revolutionen bewirken äußere Änderungen, sie stellen meist die bisherigen Verhältnisse auf den Kopf. Im Inneren der Herzen aber bleibt sehr oft alles beim Alten. Der Umsturz aber, den Jesus verkündet, betrifft das Herz.

Und wie zeigt sich denn dieser Herrschaftswechsel?

Herrschaftswechsel – das ist ein gutes Wort! Wenn jemand die Einladung Jesu annimmt, dann räumt er ihm im Leben den ersten Platz ein, dann stellt er ihn in die Mitte. Das heißt praktisch, dass er alle seine Entscheidungen nach ihm und seinem Wort ausrichtet.

Verliert man dann nicht seine Selbstständigkeit, seine persönliche Note?

Das ist die ewige Urangst des Menschen, dass er etwas verliert, wenn er sein Leben in Gottes Hand gibt. Aber genau das Gegenteil ist der Fall. Gott allein kennt einen Menschen von Grund auf, er liebt ihn und er will sein Leben, seine Entfaltung, sein Wohl – mehr als es dieser Mensch selber ahnen kann. Oft aber braucht es ein Loslassen der vordergründigen Wünsche, Pläne und Absichten, damit die tiefere Persönlichkeit des Menschen wirklich zum Zug und zur Entfaltung kommt!

Ob sich ein heutiger Mensch wohl von dieser Ansicht überzeugen lässt?

Er soll auf mich schauen. Gott hat meinen Lebensplan gründlich umgekrempelt, aber er hat daraus etwas werden lassen, was ich mir nie zu erhoffen gewagt hätte! Ich bin davon überzeugt, dass viele Menschen, die im Vertrauen auf Gott ihr Leben auf ihn ausgerichtet haben, ein ähnliches Zeugnis ablegen können. Es ist eine Frage des Glaubens, des Vertrauens und des Mutes.

Warum lässt Jesus seinen Aufruf in die Worte einmünden: Glaubt an das Evangelium?

Dieser Satz soll uns Mut machen. Das Wort „Evangelium“ heißt übersetzt: „Frohe Nachricht“. Es ist eine Freudenbotschaft, die uns Jesus verkündet, die Botschaft, dass Gott mit uns ist und unser Leben gelingen lassen möchte. Und dass er die Macht und Herrschaft hat, seinen Plan auch zum Ziel zu führen!

Ist das die umwerfende Botschaft des heutigen Tages? Die Revolution, von der du zu Beginn gesprochen hast? Warum wirkt sie sich nicht mehr aus in unserer Welt?

Sie wirkt sich aus, mehr als jeder äußere Umsturz! Sie ändert ja etwas an der Wurzel, nicht bloß in der sichtbaren Auswirkung. Aber sie ist still. Sie macht keine Schlagzeilen. Es gibt keine Statistiken. Die Mitglieder verteilen sich auf alle Völker der Erde. Und ich bin sicher: Jeder von uns kennt Menschen, die ihr Leben von dieser Botschaft bestimmen lassen.

Warum geht ihr Siegeszug auf der Erde nicht schneller, wenn es doch eine solche Freudenbotschaft ist?

Denk daran, dass diese Revolution auf Gewalt und Zwang verzichtet. Keiner muss sich von ihr erfassen lassen, und keiner wird dafür gestraft, wenn er es nicht tut. Damit meine ich: Es bringt keinen äußeren Vorteil, wenn sich einer diesem neuen Reich anschließt, im Gegenteil, es ist zunächst sehr mühsam und wird von vielen nicht verstanden oder sogar bekämpft. Ist es da ein Wunder, wenn sich nur wenige bewusst dafür entscheiden? Das ist ein großer Unterschied zu irdischen Revolutionen! Sie schaffen ja nur deshalb so schnell neue Verhältnisse, weil sie mit Druck arbeiten.

Aber wird eine freiwillige Revolution überhaupt je alle Menschen erfassen?

Sie wird es, da vertraue ich auf Gott. Er hat die Macht, und er hat Zeit. Da diese Revolution allen Menschen das bringen wird, was sie im Tiefsten ersehnen, werden sich schlussendlich auch alle einmal überzeugen lassen. Wahrscheinlich wird das nicht hier auf Erden möglich sein, wo so viele störende Einflüsse am Werk sind, aber später in der kommenden Welt. Der Heilige Geist wird es bewirken, und dieser endgültige Zustand wird „Himmel“ genannt werden.

Die Fährte Gottes aufspüren

Zum 4. Gesätz des lichtreichen Rosenkranzes: „Der auf dem Berg verklärt worden ist“

Wort der Heiligen Schrift:

Jesus nahm Petrus, Jakobus und Johannes beiseite und führte sie auf einen hohen Berg, aber nur sie allein. Und er wurde vor ihren Augen verwandelt; seine Kleider wurden strahlend weiß, so weiß, wie sie auf Erden kein Bleicher machen kann. Da erschien vor ihren Augen Elija und mit ihm Mose, und sie redeten mit Jesus.

Petrus sagte zu Jesus: Rabbi, es ist gut, dass wir hier sind. Wir wollen drei Hütten bauen, eine für dich, eine für Mose und eine für Elija. Er wusste nämlich nicht, was er sagen sollte; denn sie waren vor Furcht ganz benommen.

Da kam eine Wolke und warf ihren Schatten auf sie, und aus der Wolke rief eine Stimme: Das ist mein geliebter Sohn; auf ihn sollt ihr hören.

Als sie dann um sich blickten, sahen sie auf einmal niemand mehr bei sich außer Jesus. Während sie den Berg hinabstiegen, verbot er ihnen, irgend jemand zu erzählen, was sie gesehen hatten, bis der Menschensohn von den Toten auferstanden sei. Dieses Wort beschäftigte sie, und sie fragten einander, was das sei: von den Toten auferstehen.

Mk 9,2-10

Reporter: Wir grüßen dich Maria und freuen uns auf das heutige Gespräch. Zusammen mit Jesus sind wird unterwegs zum Berg der Verklärung. Ist das nicht ein wunderbares Ziel?

Maria: Wie du weißt, war ich persönlich nicht bei Jesus, als er auf den Tabor stieg, aber nach zweitausend Jahren im Himmel kann ich doch schon einiges darüber sagen!

Wie erklärst du dir, dass Jesus dieses so eindrucksvolle Geschehen nicht vor allem Volke inszenierte? Da hätten die Leute gestaunt!

Jesus hat während seines ganzen Lebens öffentliche Wunder und Volksaufläufe gemieden. Ihm kam es nie darauf an, schnell Eindruck zu machen und Begeisterung zu wecken. Er wollte keine billige Gefolgschaft. Diese war ihm viel zu oberflächlich!

Aber hat er damit nicht seinen Misserfolg schon vorausgeplant?

So könnte man es sagen. Die Evangelisten berichten uns, dass Jesus vor seinem öffentlichen Wirken in der Wüste schwere Versuchungen durchstehen musste. Ich vermute sehr, dass es dabei genau um diese Fragen ging: Was im Menschen möchte ich ansprechen? Vollbringe ich Schauwunder und eindrucksvolle Taten, um schnelle Zustimmung zu finden, oder wende ich mich an das Herz, die tiefe persönliche Mitte, um zu einer grundlegenden Lebensentscheidung einzuladen?

Wofür sich da die Menschen wohl entscheiden? Ich glaube, die meisten sind damals wie heute für die billigere Version!

So ist es. Deshalb stand der Weg meines Sohnes nie unter dem Zeichen des Erfolges. Um einen solchen Weg durchzuhalten braucht es viel Kraft und Sicherheit. Die Verklärung sollte ihm und den Jüngern eine solche Bestätigung sein.

Inwiefern?

Sie hörten nicht nur, sondern sahen und erlebten selbst, dass der Weg Jesu von Gott so gewollt war. Wie hätte sonst der Vater gesagt: Das ist mein geliebter Sohn, an dem ich mein Wohlgefallen habe?

Das war sicher eine große Hilfe!

Und was noch mehr ist: Jesus und Jünger erfuhren in der Verklärung das wunderbare Licht Gottes, seine Herrlichkeit, seine Größe und Macht. Sie waren fasziniert und außer sich vor Staunen! Es war der Einbruch einer anderen Welt, von der wir in unserem grauen Alltag meist kaum etwas merken.

Heißt es nicht in der Bibel: Sie waren vor Furcht ganz benommen?

Diese Furcht ist in der Heiligen Schrift immer Begleiterin der Offenbarungen Gottes. Seine Größe und Macht sind so intensiv und überwältigend, dass die Menschen bei solchen Erlebnissen zutiefst berührt und erfüllt, aber zugleich an ihre physischen und psychischen Grenzen geführt werden. Und da reagiert jeder spontan mit Angst. Aber du kannst dir sicher vorstellen, dass Jesus und die Jünger dieses Erlebnis nie mehr vergaßen.

Ganz sicher nicht!

Es war eine Schlüsselerfahrung für ihr ganzes Leben. Und es sollte ihnen helfen, auch dann auf dem Weg Gottes zu bleiben, wenn er durch Kreuz und Leid führen sollte. Deshalb berichtet uns der Evangelist Lukas, dass Mose und Elija mit Jesu über seinen bevorstehenden Tod sprachen.

Dieses Thema passt aber gar nicht zu Licht, Glanz und Freude!

Für unser natürliches Empfinden nicht. Aber durch die Verklärung wird uns gezeigt, dass Tod und Leben, Scheitern und Auferstehung keine Gegensätze sind, sondern zueinander gehören wie die beiden Seiten einer Medaille. Eine tiefe Entscheidung für Jesus und sein Reich gelingt nicht ohne Anfechtung, Widerstände und Kämpfe. So war es damals und so ist es noch heute!

Und was sollen wir in einer solchen Situation tun? Auch wir werden oft angefochten. Wer hilft uns dann weiter?

Solche Erfahrungen mit Gott, die den Menschen tief berühren, gibt es auch heute noch. Ich glaube, dass sie jedem geschenkt werden, der aufrichtig Gott sucht. Sicher nicht auf Bestellung, aber dann und wann im Leben. Natürlich verlaufen sie meist nicht so dramatisch. Aber wer einmal ahnend erfahren hat, was Gott für uns bereithält, der lässt sich nicht so schnell vom Weg abbringen und entmutigen. Wie ein Hund, der eine Fährte gefunden hat, läuft er immer schneller – Gott entgegen, der auf ihn wartet. Und ich kann aus eigener Erfahrung bezeugen: Das Licht und das Glück, das er für uns bereithält, sind jeden Einsatz wert!

Christus in sich tragen

Zum 5. Gesätz des lichtreichen Rosenkranzes:" Der uns die Eucharistie geschenkt hat"

Wort der Heiligen Schrift:

Wer mein Fleisch isst und mein Blut trinkt, hat das ewige Leben, und ich werde ihn auferwecken am Letzten Tag. Denn mein Fleisch ist wirklich eine Speise, und mein Blut ist wirklich ein Trank. Wer mein Fleisch isst und mein Blut trinkt, der bleibt in mir, und ich bleibe in ihm. Wie mich der lebendige Vater gesandt hat und wie ich durch den Vater lebe, so wird jeder, der mich isst, durch mich leben.

Dies ist das Brot, das vom Himmel herabgekommen ist. Mit ihm ist es nicht wie mit dem Brot, das die Väter gegessen haben; sie sind gestorben. Wer aber dieses Brot isst, wird leben in Ewigkeit.

Joh 6, 54-58

Reporter: Heute wollen wir mir dir, heilige Maria, über die Eucharistie sprechen: Was bedeutet dieses Geheimnis für dich persönlich? Ist es für dich überhaupt wichtig, da du doch Jesus während seines ganzen Erdenlebens als Mensch gekannt hast?

Maria: Doch, das Geheimnis der Eucharistie ist mir sehr lieb und wichtig. Es war die Möglichkeit für mich, mit Jesus nach seiner Auferstehung und Himmelfahrt sozusagen in leibhafter Verbindung zu bleiben.

Ist das nicht ein schwacher Ersatz? Du kanntest Jesus als Mensch persönlich, sichtbar, angreifbar. Nun aber konntest du ihm nur unter den sakramentalen Gestalten begegnen.

Das ist kein „nur", es ist einfach anders,- und in gewisser Hinsicht sogar tiefer und intensiver!

Wieso?

Ich konnte Jesus nach seiner Heimkehr zum Vater zwar nicht mehr sehen, aber er blieb in der Eucharistie da mit der ganzen Frucht seines Lebens, er blieb da mit seinem Leiden und Sterben, er blieb da mit seiner Auferstehung, er blieb da mit seiner Liebe und Hingabe an den Vater und uns Menschen. Und diese war gerade am Kreuz zur letzten Tiefe und Größe gereift!

Ist die Eucharistie also mehr als einfach der gegenwärtige Christus in den Gestalten von Brot und Wein?

Viel mehr!_Sie macht nicht nur den erhöhten Herrn gegenwärtig, sondern lädt uns alle ein, uns von ihm und seinem Geist erfüllen zu lassen, um mit ihm eine Opfergabe für den Vater zu werden. Und das tut sie jeden Tag neu – so wie eben die äußeren Umstände gerade sind, damit unser ganzes Leben mit dem seinen zusammenwächst und von ihm her gespeist wird.

Heißt das, dass Eucharistie und Eucharistiefeier nicht voneinander zu trennen sind?

Genau das! Durch das Hören des Wortes Gottes, durch unsere Antwort im Glaubensbekenntnis und in den Fürbitten und dann durch unser Eintreten in die Opferhingabe Jesu wird unser ganzes Leben ergriffen und verwandelt, wenn wir uns wirklich auf diese Bewegung einlassen.

Dann ist die Messfeier alles andere als ein langweiliger Ritus!

Sie ist der Höhepunkt und die Kraftquelle unseres Lebens! So ähnlich hat es auch das letzte Konzil in der Konstitution über die heilige Liturgie ausgedrückt. Besonders kostbar für mich ist, dass sich Jesus in seiner liebevollen Phantasie eine Möglichkeit ausgedacht hat, um wirklich spürbar in uns Menschen eingehen und in uns bleiben zu können. So verwirklicht er zeichenhaft seine Einladung: Bleibt in mir, dann bleibe ich in euch!

Wie sollen wir sich das vorstellen, dass Jesus in uns bleibt?

Mir kommt das sakramentale Zeichen der Nahrung hier sehr sprechend vor. Was wir essen, bleibt in uns, es wird so verwandelt, dass wir davon gestärkt werden und tatsächlich davon leben. Niemand kann es uns mehr wegnehmen. Es prägt uns auch bis in unser Befinden und unseren Charakter hinein, wie Diätberater bestätigen können. Und wenn das schon von gewöhnlicher Nahrung gilt, wie viel mehr dann von der lebendigen Gegenwart des auferstandenen Herrn!

Heißt das, dass jeder, der die Eucharistie mitfeiert und empfängt, Christus in sich trägt?

Ja, das heißt es. Es ist die Ursehnsucht aller Liebenden, den geliebten Menschen so nahe wie möglich bei sich zu haben. Sie versuchen das durch zeichenhafte Handlungen, wie zum Beispiel eine Umarmung oder einen Kuss, auszudrücken. Jesus hat eine Möglichkeit gefunden, die weit über alles andere hinausgeht, was Menschen einander an Nähe schenken können!

Was bedeutet das für das persönliche Leben?

Es könnte heißen: Lass die Mitfeier und den Empfang der heiligsten Eucharistie in deinem Leben niemals bloße Routine werden! Natürlich kann man nicht jeden Tag davon so ergriffen sein wie vielleicht bei der Erstkommunion. Aber es ist wichtig, bewusst aus dieser Kraftquelle zu leben!

Kann sich also jeder, der die Kommunion empfängt tatsächlich darauf verlassen kann, dass Jesus in ihm lebt?

Viele Menschen machen den Fehler, dass sie Jesus gleichsam verabschieden, wenn sie die Kirche verlassen. Sie schließen mit der Kirchentür auch wieder ihr Herz zu und öffnen es für den normalen Alltag. Aber dann bringen sie sich selbst um die Frucht dieses Sakramentes. Jesus möchte immer bei ihnen bleiben, er ist stets da und wartet darauf, in das tägliche Leben eines jeden von uns eingehen zu können. Und nun das Schönste: Er ist immer da! Ihr könnt es erahnen und spüren, wenn ihr einen Moment der Stille habt. Dann könnt ihr in das Tiefste eures Inneren einkehren und ihn dort finden, anbeten und lieben. Ist das nicht wunderbar?

Warum ist das so wenigen Menschen bewusst?

Die heutige Welt verführt uns dazu, allzu sehr an der Oberfläche zu bleiben. Dann tut man diese Aussagen unseres Glaubens leicht als fromme Sprüche ab. Dabei aber bezeugen sie die eigentliche Wirklichkeit! Und wir bleiben hungrig und ungesättigt, weil wir uns im Tiefsten genau nach dieser Gegenwart des Herrn sehnen! Nur die Quelle, die tief im Inneren sprudelt, kann uns erfüllen. Sie hat die Kraft, uns inmitten der Herausforderungen und Schwierigkeiten reich und froh zu machen, weil wir in Christus einen Schatz in uns tragen, den uns die ganze Welt nicht rauben kann!

Schmerzhafter Rosenkranz

Jesus zieht in Jerusalem ein, um sein Werk durch Leiden, Tod und Auferstehung zu vollenden

Das „Spezialangebot“ Gottes

Zum 1. Gesätz des schmerzhaften Rosenkranzes: „Der für uns Blut geschwitzt hat“

Wort der Heiligen Schrift:

Darauf kam Jesus mit den Jüngern zu einem Grundstück, das man Getsemani nennt, und sagte zu ihnen: Setzt euch und wartet hier, während ich dort bete. Und er nahm Petrus und die beiden Söhne des Zebedäus mit sich. Da ergriff ihn Angst und Traurigkeit, und er sagte zu ihnen: Meine Seele ist zu Tode betrübt. Bleibt hier und wacht mit mir! Und er ging ein Stück weiter, warf sich zu Boden und betete: Mein Vater, wenn es möglich ist, gehe dieser Kelch an mir vorüber. Aber nicht wie ich will, sondern wie du willst.

Und er ging zu den Jüngern zurück und fand sie schlafend. Da sagte er zu Petrus: Konntet ihr nicht einmal eine Stunde mit mir wachen? Wacht und betet, damit ihr nicht in Versuchung geratet. Der Geist ist willig, aber das Fleisch ist schwach.

Dann ging er zum zweiten Mal weg und betete: Mein Vater, wenn dieser Kelch an mir nicht vorübergehen kann, ohne dass ich ihn trinke, geschehe dein Wille. Als er zurückkam, fand er sie wieder schlafend, denn die Augen waren ihnen zugefallen.

Und er ging wieder von ihnen weg und betete zum drittenmal mit den gleichen Worten. Danach kehrte er zu den Jüngern zurück und sagte zu ihnen: Schlaft ihr immer noch und ruht euch aus? Die Stunde ist gekommen; jetzt wird der Menschensohn den Sündern ausgeliefert. Steht auf, wir wollen gehen! Seht, der Verräter, der mich ausliefert, ist da.

Mt 26,36-46

Reporter: Maria, heute haben wir ein schmerzliches Thema für unser Gespräch. Danke, dass du trotzdem bereit bist, unsere Fragen zu beantworten!

Maria: Gerne! Hoffentlich kann ich damit leidenden Menschen helfen! Ich weiß ja: In jedem Leben gibt es Schweres zu tragen, und in solchen Situationen sind wir Menschen besonders verletzlich, hilflos, oft ohnmächtig!

Helfen da gute Ratschläge überhaupt? Oder was möchtest du uns anbieten?

Gute Ratschläge helfen nur sehr bedingt. Aber was fast immer hilft, ist Verständnis, Dabeisein, Mittragen durch unauffällige, mitfühlende Begleitung. Das ist das „Spezialangebot“ Gottes, das ist auch meine Spezialität, wenn ich so sagen darf!

Das klingt gut! Dürfen wir dich also fragen, was hinter diesem Ausdruck steckt? Wie ist dieses Mittragen gemeint?

Das muss ich weiter ausholen. Gehen wir einmal das Beten Jesu auf dem Ölberg durch: Ich bin bei diesem Ereignis leider keine Augenzeugin, und das tut mir bis heute weh!

In der Heiligen Schrift lesen wir, dass die Apostel, seine Begleiter und Freunde, gerade damals nicht sehr hilfreich waren... Sie haben Jesus allein gelassen und einfach geschlafen!

Ja, sie war mit ihrer eigenen Traurigkeit, Ratlosigkeit und Angst überfordert, und da neigen wir Menschen gerne zur Flucht in Rückzug und Schlaf!

Und du, Maria, du hättest nicht geschlafen?

Ich möchte nicht darüber spekulieren, was ich getan hätte, sondern eher versuchen, denen zu helfen, die heute in solcher Bedrängnis sind! Jesus ist allein unser Erlöser. Deshalb war es im Heilsplan Gottes vorgesehen, dass er allein auch alle Angst und innere Not durchtragen sollte bis hin in die Übergabe in Gottes Hand. So kann heute kein einziger Mensch mehr sagen: Ich bin mit meiner Angst allein!

Was mich bei Jesus wundert, ist folgendes: Zuerst hat er beim letzten Abendmahl souverän seinen Abschied von dieser Welt und seinen Tod vorausgesagt, ja in der Einsetzung der Eucharistie sogar vorweggenommen, und dann verlässt ihn plötzlich der Mut?

Ist das nicht sehr menschlich? Selten hat ein Mensch immer gleichmäßig Angst. In belastenden Situationen kann man zeitweise erstaunlich ruhig und gefasst sein, und dann überfällt sie einen plötzlich und schnürt einem mit unsichtbarer Hand die Kehle zu! Und auch eine weitere Erfahrung habe ich gemacht: Solange eine Herausforderung noch in der Zukunft liegt, bleibt doch ein gewisser Abstand. Aber wenn es einem dann plötzlich bewusst wird: „Jetzt geht es los!", dann sieht die Lage noch einmal ganz anders aus!

Du kennst uns Menschen aber gut!

Ich bin doch auch ein Mensch, und nichts Menschliche ist mir fern!

Nun aber sag uns, Maria: Woher wissen wir denn überhaupt so genau, wie es Jesus in seinem Beten und Ringen mit der Angst gegangen ist? Es war doch niemand dabei, die Jünger haben in der Ferne geschlafen, und schlafende Zeuge sind bekanntlich nicht sehr über-„zeugend"...

Natürlich war niemand dabei. Aber die Situation war doch eindeutig. So sagen es uns die Evangelien: Jesus zeigte Angst. Er hat das den Jüngern ganz aufrichtig bekannt. und drei von ihnen sogar ein Stückweit zu seinem einsamen Gebet mitgenommen. Sie sahen dann auch, wie er sich niederwarf, wie er sichtlich rang, wie er blutüberströmt zu ihnen zurückkehrte und zuletzt doch wieder in der gewohnten ruhigen Sicherheit den Soldaten entgegenging... Da braucht man kein Prophet zu sein, um sein Gebet zu erraten!

Außerdem beginnt hinter dem Ölberg bekanntlich gleich die Wüste. Wenn Jesus in seiner Angst der Gefahr hätte entfliehen wollen, hätte ihn in der Nacht ganz sicher keiner gefunden! So beweist schon der äußere Gang der Dinge, dass er sich zu einem vollen Ja zum Leiden durchgerungen hatte!

Also hat der Evangelist einfühlsam das Gebet Jesus am Ölberg sozusagen nachempfunden?

Ja, das war eine Meisterleitung von ihm und dem Heiligen Geist, der ihm dabei half! Ist dir aufgefallen, wie das Gebet Jesus in allmählicher Steigerung die immer tiefere Hingabe in Gottes Hände zum Ausdruck bringt?

Kannst du uns das genauer erklären?

Das hat vor allem der Evangelist Matthäus sehr tief erfasst. Im 26. Kapitel, Vers 39 lesen wir zuerst: „Mein Vater, wenn es möglich ist, gehe dieser Kelch an mir vorüber. Aber nicht, wie ich will, sondern wie du willst!" Dann später, nach dem Gespräch mit den Jüngern, fährt Jesus fort: „Mein Vater, wenn dieser Kelch an mir nicht vorübergehen kann, ohne dass ich ihn trinke, so geschehe dein Wille!" Da ist schon ein Fortschritt an Ergebenheit enthalten! Und Markus 14, 36 schildert uns das erste Gebet mit den Worten: „Abba Vater, alles ist dir möglich. Nimm diesen Kelch von mir! Aber nicht, wie ich will, sondern wie du willst!" Das Vertrauen Jesu in den Vater begann somit mit dem Wissen, dass der liebende Vater den Kelch wegnehmen kann, und nach mehreren Stationen endete es mit der vertrauensvollen Hingabe, dass der liebende Vater seinen Weg mitgehen und ihm helfen wird – und das sogar dann, wenn der Kelch nicht vorübergeht! Die innere Kräftigung, die Jesus beim Gebet erfahren hat, drückt wiederum der Evangelist Lukas anschaulich aus, wenn er uns sagt, dass Jesus in seinem Ringen und Flehen durch einen Engel gestärkt wurde.

Da ist es Jesus also so ergangen wie uns: Zuerst hoffen wir, Gott wird uns das Leid ersparen, wenn er uns liebt – und manchmal tut er das auch – doch bisweilen hat er andere Pläne. Er hilft uns dann, immer tiefer Ja zu seinem Willen zu sagen. Sehe ich das richtig?

Ja, das ist die Botschaft vom Ölberg! Gott ist immer liebend und helfend da, und seit der Todesangst Jesu greift er uns auch als Mensch und Erlöser mittragend unter die Schultern. Er hat alle Angst der Welt durchgetragen und in Hingabe verwandelt. Nun möchte er auch uns dabei helfen, unsere Angst verwandeln zu lassen. Das habe ich mit dem „Spezialangebot" gemeint!

Das ist eine sehr tröstliche Zusage!

Und zum Schluss möchte ich als Mutter der Kirche und Mutter der Menschen hinzufügen: Auch ich helfe jedem von Angst geplagten Menschen gerne. Ich habe euch schon gesagt, dass es mir bis heute in der Seele weh tut, dass ich Jesus in seiner schweren Stunde nicht beistehen konnte! Umso lieber bin ich nun allen meinen Menschengeschwistern nahe! Ihr braucht mich bloß anzurufen und zu dieser Begleitung einzuladen!

Die Spiegelbrille

Zum 2. Gesätz des schmerzhaften Rosenkranzes: „Der für uns gegeißelt worden ist"

Wort der Heiligen Schrift:

Pilatus ließ er Barabbas frei und gab den Befehl, Jesus zu geißeln und zu kreuzigen.

Mt 27,26

Reporter: Danke, Maria, für die Zeit, die du dir heute nimmst, um mit uns Jesus auf seinem Kreuzweg zu begleiten!

Maria: Heute gehe ich mit euch in den Folterkeller des Pilatus. Ich tue das umso lieber, weil ich damals vor zweitausend Jahren meinem Sohn in dieser Situation nicht folgen konnte!

Folterkeller gab es nicht nur damals! Auch und gerade heute werden Menschen in vielen Staaten misshandelt, getreten und zu Tode gequält. Nicht selten sind es gerade die besten...

Kein Mensch weiß das so gut wie ich! Ich bin bei allen meinen Menschenkindern und fühle ihre Leiden mit!

Ich habe gehört, dass die römische Geißelung eine überaus grausame Quälerei war. Die Opfer wurden nicht nur geschlagen, sondern durch die Stachelpeitschen mit Widerhaken wurden ihnen regelrecht Fleischstücke aus dem Körper herausgerissen!

Nicht selten sind Menschen nach einer solchen Geißelung sogar gestorben! Es ist furchtbar gewesen, da zuzusehen. Aber noch furchtbarer scheint es mir, auf einen wehrlosen Menschen so einzuschlagen. Es braucht eine große innere Verhärtung, um dazu fähig zu werden!

Ist es nicht so, dass die Täter im Grunde genommen viel ärmer sind als die Opfer?

Ja, so viel ist oftmals in ihnen verwundet, geschlagen und zerschlagen worden, dass sie vielfach gar nicht mehr anders können, als die erhaltenen Schläge weiterzugeben!

Gibt es für solche Menschen überhaupt noch Hoffnung?

Die einzige Hoffnung ist die Begegnung mit einer Liebe, die ebenso groß ist wie die Lieblosigkeit, die ihnen zugefügt wurde. Meist brauchen solche Menschen lange Zeit, bis sie an eine solche Liebe glauben können, und sie bleiben äußerst verwundbar. Ich habe sie besonders in mein Herz geschlossen, und ich halte sie der Liebe Gottes hin, der immer noch einen Ausweg aus der Not weiß!

Und besteht nicht die Gefahr, dass die Opfer solcher Menschen dann selbst zu Tätern werden, und das erlittene Unrecht ihrerseits wieder weitergeben?

Natürlich! Das ist die große Herausforderung, für die mein Sohn die Leiden der Geißelung auf sich genommen hat: Um Hass und Gewalt „umzulieben" in Geduld, Vergebung und neues Leben! In seinem Herzen hat er nämlich nicht erst bei der Kreuzigung, sondern bereits hier gesprochen: Vater vergib ihnen, denn sie wissen nicht, was sie tun!

Wie kann ein Mensch das zustande bringen: geschlagen werden und gleichzeitig vergeben?

Er kann es nicht aus eigener Kraft, sondern nur in der Kraft Gottes, der wesenhaft Liebe ist und sich verströmen will an alle Menschen. So fließt dieser Strom der Verwandlung, der Hass und Unrecht tilgt und sogar in Liebe und Heil verwandelt, seit dem Leiden Jesu unaufhörlich in die Welt.

Aber findet Jesus da viel Verständnis?

Leider viel zu wenig! Darum ist es mir sehr wichtig, Menschen immer neu zu ermutigen: Lasst Hass, Wut und Rachegelüste los, habt den Mut, euch von der Liebe Jesu erfüllen zu lassen. Sie schenkt nicht nur dem anderen, der Unrecht tut, eine neue Chance, sondern erneuert auch euer eigenes Herz. Ihr seid dann nicht mehr eng, nachträgerisch und hart, sondern gewinnt Anteil an der schöpferischen Kraft Gottes!

Und gilt das für alle Menschen, die geschlagen, gefoltert und gedemütigt werden?

Ja, das gilt für alle! Das Wort „gedemütigt" gefällt mir in diesem Zusammenhang, denn oft gibt es Menschen, die ähnliche Qualen im Geist aushalten. Das ist sogar noch viel häufiger der Fall. Wer ist noch nicht verspottet und verachtet worden?

Wohl kaum jemand! Und welchen Rat möchtest du uns für solche Situationen geben?

Genau denselben wie vorhin: Fast immer ist der Spötter im Herzen ärmer als der Verspottete. Fast immer wehrt sich der Täter gegen Werte, die ihm einfach zu hoch sind, die aber große Bedeutung haben.

Wie meinst du das?

Es ist eigenartig, aber es ist so: Wenn Menschen Zielscheibe von Spott und Verachtung werden, geht es selten nur um sie persönlich, fast nie ist Antipathie allein die Ursache. Fast immer ist im Hintergrund ein geistiger Kampf zu spüren, in dem es sich um geistige Werte wie religiösen Glauben, politische Einstellung, Menschenrechte usw. dreht.

Das ist aber seltsam!

Ja, das ist seltsam, - und doch verständlich. Diese Werte haben die Wahrheit Gottes im Rücken, sie haben darum letztlich eine überlegene Kraft. Das spüren die Gegner, und das macht sie rasend, bewusst oder unbewusst...

Gilt also auch hier wieder die Umkehrung: Der Täter ist ärmer als das Opfer, und das Opfer hat als Rückenstärkung Gottes Wahrheit und Kraft hinter sich?

Meist ist es so. Diese Umdeutung der Wirklichkeit, die Entlarvung des Anscheins im Licht der Wahrheit ist eine Aufgabe, die den Menschen, vor allem den Opfern von Spott, Verachtung und Geißeln, immer neu aufgegeben ist. Man muss sich einüben, die neue Blickrichtung einzunehmen! Dann aber wird es sehr befreiend, die tiefere Sicht aufzusetzen wie eine Spiegelbrille, die einem die Wirklichkeit umkehrt und in das helle Licht Gottes stellt!

Was ist die Krone deines Lebens?

Zum 3. Gesätz des schmerzhaften Rosenkranzes: „Der für uns mit Dornen gekrönt worden ist“

Wort der Heiligen Schrift:

Darauf ließ Pilatus Jesus geißeln. Die Soldaten flochten einen Kranz aus Dornen; den setzten sie ihm auf und legten ihm einen purpurroten Mantel um. Sie stellten sich vor ihn hin und sagten: Heil dir, König der Juden! Und sie schlugen ihm ins Gesicht.

Pilatus ging wieder hinaus und sagte zu ihnen: Seht, ich bringe ihn zu euch heraus; ihr sollt wissen, dass ich keinen Grund finde, ihn zu verurteilen.

Jesus kam heraus; er trug die Dornenkrone und den purpurroten Mantel. Pilatus sagte zu ihnen: Seht, da ist der Mensch!

Joh 19,1-5

Reporter: ***Maria, heute geht es in unserem Gespräch um die Dornenkrönung Jesu. Diese Station gehört zu den schmerzlichsten deines Lebens, stimmt das?***

Maria: Ja, diese Stunden haben meinen Glauben bis zum Äußersten gefordert. Und doch hat sich die Erinnerung an sie inzwischen gewandelt, und aus der Trauer ist Freude geworden!

Heißt das, dass du heute nicht mehr mit Jesus leidest, wenn du an diese Situationen denkst?

Wie soll ich sagen? Natürlich erinnere ich mich noch an den Augenblick, da ich Jesus mit seinem Kreuz und der Dornenkrone auf dem Weg nach Golgota erblickte. Das war ein Stich ins Herz! Ein Stich wegen der Qualen, die sie ihm mit Geißeln und Dornen angetan hatten, aber auch ein Stich ins Herz wegen der totalen Verkennung! Ich wusste, dass er der wahre Sohn Gottes war und die Welt erlösen sollte. Und gerade ihm hatten sie einen Kranz aus spitzen Dornen aufs Haupt gesetzt!

Das war ja eine Situation geradezu zum Verzweifeln!

Ja, auch ich wusste in diesem Augenblick nicht, wie es mit dem Heilsplan Gottes weitergehen sollte. War er zum Scheitern bestimmt? Gott hatte den Menschen die Freiheit gelassen, Jesus anzunehmen oder abzulehnen. Und jetzt hatte sein eigenes Volk ihn endgültig abgelehnt und zum Spottkönig gemacht!

Und wie siehst du dieses Ereignis heute?

Heute sehe ich immer noch die Dornenkrone, doch sie ist für mich von einer Spottkrone zur Ehrenkrone geworden, wenn ich so sagen darf. Mir kommt vor: Jesus hat die Szene total verwandelt, und gerade dadurch ist er zum Erlöser geworden. Ihm ist es gelungen, aus dem Minus ein Plus, aus dem Spott Ruhm und aus dem Hass Liebe zu machen...

Wie meinst du das?

Ich glaube, dass jeder natürlich und realistisch denkende Mensch beim Anblick des mit Dornen gekrönten Jesus sich sagen musste: Jetzt reicht es! Gott hat alles getan, um uns Menschen nahe zu sein und um unsere Liebe zu werben. Wenn das das Ergebnis ist, dann ist den Menschen eben nicht mehr zu helfen, dann ist das Werk der Versöhnung endgültig gescheitert – am Widerstand der Menschen.

Das klingt überzeugend!

Ja, das ist menschliche Logik, nicht aber die Logik Gottes! Er hat auch in dieser Situation nicht aufgehört, uns Menschen zu lieben, er hat nicht aufgehört, an uns zu glauben und uns seine rettende Hand hinzustrecken. Das beweisen die kurzen Szenen des Kreuzweges, die uns überliefert sind: Jesus betete für seine Henker, er bot dem reuigen Schächer das Paradies an und war trotz des offenkundigen Scheiterns, der qualvollen Schmerzens, der inneren Not und der Ablehnung, die ihm von allen Seiten entgegenschlug, bis zuletzt überzeugt, sein Werk vollbracht zu haben!

Wenn man das so betrachtet, so ist das erstaunlich. Hat dann Jesus in seinem Scheitern doch gesiegt – das ist es doch, was du uns sagen möchtest?

Ja, der Sieg ist die Überwindung des Bösen durch eine immer noch größere Geduld, eine noch größere Liebe, ein noch größeres Vertrauen in die Macht des Vaters , ein noch größeres Zutrauen zu den Menschen, dass sie sich dennoch für ihn entscheiden können. Es ist wie bei einem Stabhochsprung – um ein geläufiges Bild aus der modernen Welt zu gebrauchen: Je höher die Latte liegt, desto schwieriger ist es. Wer aber dennoch darüber kommt, hat dann eine umso größere Leistung vollbracht!

So hat auch die Sünde des Menschen die Latte für Jesus immer noch höher gelegt, bis anscheinend ein Überqueren gänzlich unmöglich geworden war. Jesus aber hat es geschafft, denn er hat uns nie aufgegeben, auch nicht in der absurdesten Situation und im tiefsten Leiden!

Wir sind jetzt weit von der Dornenkrone abgekommen...

Das würde ich nicht sagen. Wir sprechen bildlich von einem krönenden Ereignis, wenn ein Mensch einen großen Durchbruch erlebt, etwas, das seinem Leben bleibende Bedeutung gibt. Auch für Jesus waren sein Leiden und sein Tod eine solche Krone. Er hat auf diese Weise die Verweigerung, den Hass und Widerstand aller Menschen aller Zeiten überboten – und das Tor für alle offengehalten, die sich ihm zuwenden und von ihm retten lassen wollten!

Was können wir von der Dornenkrönung Jesu mitnehmen? Hat uns das heute noch etwas zu sagen?

Jeder Mensch sucht nach etwas, was sein Leben krönt, nach etwas, was ihm bleibende Bedeutung gibt. Das ist heute ebenso aktuell wie zu meiner Zeit. Solche krönende Ereignisse können Sternstunden sein, besondere Erfolge oder Begegnungen, oder auch, wie bei Jesus, das Durchstehen und Überwinden von Hindernissen und Widerstand. Ich lade alle ein, sich zu fragen: Was ist das, was dein Leben krönt oder krönen soll? Bringt es der Welt auch einen echten Zuwachs? Ein Mehr an echter Menschlichkeit, an Zukunft und Lebensmöglichkeit? Dann steht es in der Nachfolge des Herrn, der die Dornenkrone in eine Lebenskrone verwandelt hat!

Wer hilft wem…?

Zum 4. Gesätz des schmerzhaften Rosenkranzes: „Der für uns das schwere Kreuz getragen hat“.

Wort der Heiligen Schrift:

Nachdem sie so ihren Spott mit ihm getrieben hatten, nahmen sie ihm den Purpurmantel ab und zogen ihm seine eigenen Kleider wieder an. Dann führten sie Jesus hinaus, um ihn zu kreuzigen.

Einen Mann, der gerade vom Feld kam, Simon von Zyrene, den Vater des Alexander und des Rufus, zwangen sie, sein Kreuz zu tragen.

Mk 15,20b-21

Reporter: Unser heutigen Thema, heilige Maria, interessiert wohl viele Menschen. Jeder hat sein Päckchen zu tragen, ob er es nun als Kreuz bezeichnet oder nicht. Und viele beklagen sich darüber, dass gerade in ihrem Leben so vieles schief läuft… Kannst du ihnen weiterhelfen?

Maria: Nicht weiterhelfen in dem Sinn, dass ich ihnen nun eine durchsichtige und plausible Erklärung für alles Leid anbieten kann! Wohl aber kann ich mit ihnen Hilfen suchen, um ihre Last sinnvoll und damit leichter erträglich zu machen. Und gerne möchte ich auch meine Begleitung anbieten, wie ich mit Jesus seinen Kreuzweg mitgegangen bin.

Warum musste Jesus, der zeit seines Lebens nur Gutes getan hatte, am Ende so viel leiden? Womit hat er das verdient?

So fragen wir Menschen – und wir machen es uns auf diese Weise nur noch schwerer, weil wir zwischen den Zeilen einsetzen: Ich habe das nicht verdient, folglich ist es ein großes Unrecht, dass mich etwas Leidvolles trifft!

Und stimmt das nicht?

Worauf haben wir denn von uns aus Anspruch? Und wem gegenüber? Ich halte es für sinnvoller und auch leichter, das Leid als Einladung zu sehen, als Zeichen des Vertrauens, dass Gott in uns setzt. Er mutet uns das Schwere zu, weil er will, dass wir daran selber wachsen und etwas Kostbares zur Entwicklung der Welt einbringen.

Ja, kann durch Leiden überhaupt etwas Positives in die Welt kommen? Leid ist ja viel eher etwas Zerstörerisches, es erschwert oder vernichtet!

Ich glaube, jetzt sind wir schon ganz beim Thema. Wer als Christ an den Erlösertod Jesu glaubt, muss sich fragen, ob er wirklich verstanden hat, was er da bekennt. Die Wunder Jesu, meines Sohnes, seine Verkündigung, seine Heilungen, all das war Teil seiner Sendung, aber vollendet hat sie sich erst und gerade im Leiden.

Wieso das?

Weil es zweierlei Beiträge zur Entfaltung, Entwicklung und Vervollkommnung der Welt gibt. Der eine ist allgemein anerkannt: Es sind die wegweisenden Leistungen in Wissenschaft, Technik, Kultur, aber auch das alltägliche Wirken in Beruf, Familie und Gesellschaft. All das ist unersetzlich. Aber es gibt auch noch einen anderen, viel weniger anerkannten Beitrag, der genauso wichtig ist, aber mehr auf die inneren Haltungen abzielt: Liebe, Geduld, Solidarität, Vertrauen, Mitleid, Verständnis, Durchhaltevermögen. All das könnte sich kaum entwickeln, wenn die leidvollen Herausforderungen fehlten. Hast du selbst noch nicht erfahren, dass das Herz am Ende einer schmerzlichen Epoche der Lebensgeschichte gewandelt zurückbleibt, tiefer, feiner, sensibler und dankbarer für alles Gute? Das sind Früchte eines gut verarbeiteten Kreuzes.

Aha, so siehst du das! Was gibt es für Hilfen, um Leid gut tragen zu können und nicht an ihm zu zerbrechen?

Eine ganz große Hilfe ist es, Leid nicht allein zu tragen. Das Sprichwort hat Recht: Geteiltes Leid ist halbes Leid. Und diese Hilfe möchte ich allen anbieten, auf denen Schweres lastet. Auch wenn du keinen Menschen haben solltest, der mit dir geht, so komm einfach zu mir, zu mir und meinem Sohn. Gibt es viel Schweres, das wir nicht in der einen oder anderen Form durchgemacht haben? So können wir auch im tiefen Schmerz mit dir fühlen, dir nahe sein und tragen helfen!

Wenn ich mich recht erinnere, hat ein Mann, ein gewisser Simon, Jesus das Kreuz tragen geholfen?

Ja, ich hätte ihn umarmen können, diesen Simon! Er tat das, was ich in diesem Augenblick auch gerne getan hätte, jedoch nicht konnte: fest zupacken und die Last und Verhöhnung mit Jesus solidarisch tragen. Zuerst hat er es nicht gerne gemacht – das kann ich auch verstehen. Aber dieses Erlebnis hat sein ganzes Leben verwandelt. Er trug an der Last Jesu mit, und Jesus hat daraufhin das Leben des Simon mit dem eigenen verbunden und ihn an sich gezogen. Wusstest du, dass Simon und seine Söhne später Mitglieder der Urkirche waren?

Tatsächlich? So hat das Mittragen am Kreuz Jesu dem Simon und seiner Familie tatsächlich Segen gebracht! Es stellt sich dann die Frage: Wer hilft wem?

Das ist eines der Geheimnisse des Christentums, dass es eine Religion der Solidarität ist. Der Apostel Paulus fasst die Lehre Jesu so zusammen: „Einer trage des anderen Last. So erfüllt ihr Christi Gesetz.“ Jesus hat bei seinem Leiden den helfenden Dienst des Simon angenommen, er nimmt durch die Jahrhunderte hin auch die Dienste unzähliger Menschen an, die in seiner Nachfolge Unverständnis, Ablehnung oder sogar Verfolgung durchgemacht haben – all das ist solidarisch getragenes Kreuz. Gleichzeitig weist er keinen ab, der unter Leiden stöhnt. Wenn einer mit seiner Last zu ihm kommt und um seine Hilfe und sein Mittragen bittet, dann kann er auf ihn zählen: Jesus weiß alles, versteht alles und lässt die Seinen auch nicht eine Sekunde lang allein! Probiere es einfach aus und investiere den Glauben, der dafür nötig ist, dass Jesus helfen kann!

Viele Leidende fühlen sich sehr einsam und verlassen – und das ist oft das Schwerste an ihrer Not!

Bitte, glaube doch: Gerade in diesem Gefühl der Verlassenheit ist Jesus bei jedem von euch. Er hat auch zum Vater gerufen: „Mein Gott, mein Gott, warum hast du mich verlassen.“ (Mt 27,46) Und doch war Gott sein Halt und seine Kraftquelle, sonst hätte er sich nicht am Ende ganz in seine Hand legen können. So ist mein Sohn auch tief im Herzen eines jeden Leidenden, selbst wenn dieser seine Anwesenheit nicht mit unseren menschlichen Sinnen wahrnehmen kann. Wie sehr wünsche ich, dass jeder, der dies liest, sich in diesem Glauben bestärken und trösten lässt!

Der Spagat der Solidarität

Zum 5. Gesätz des schmerzhaften Rosenkranzes: „Der für uns gekreuzigt worden ist"

Wort der Heiligen Schrift:

Sie brachten Jesus an einen Ort namens Golgota, das heißt übersetzt: Schädelhöhe.

Dort reichten sie ihm Wein, der mit Myrrhe gewürzt war; er aber nahm ihn nicht. Dann kreuzigten sie ihn. Sie warfen das Los und verteilten seine Kleider unter sich und gaben jedem, was ihm zufiel.

In der neunten Stunde rief Jesus mit lauter Stimme: Eloï, Eloï, lema sabachtani?, das heißt übersetzt: Mein Gott, mein Gott, warum hast du mich verlassen? Einige von denen, die dabeistanden und es hörten, sagten: Hört, er ruft nach Elija! Einer lief hin, tauchte einen Schwamm in Essig, steckte ihn auf einen Stock und gab Jesus zu trinken. Dabei sagte er: Lasst uns doch sehen, ob Elija kommt und ihn herabnimmt.

Jesus aber schrie laut auf. Dann hauchte er den Geist aus.

Mk 15, 22-24;34-37

Reporter: Unser heutiges Gespräch, Maria, betrifft das wohl wichtigste Ereignis der Geschichte! Danke, dass du bereit bist, mit uns darüber zu sprechen!

Maria: Ja, es war das wichtigste Ereignis der Geschichte und zugleich auch meines Lebens. Denn auch mein Heil ist von dieser Erlösungstat meines Sohnes abhängig. Auch ich bin eine der Erlösten, wenn mir auch Gott die Frucht dieser Befreiung schon im Voraus zuteilwerden ließ.

Warum macht Gott solche Unterschiede? Dich hat im Voraus vor der Sünde bewahrt, den anderen vergibt er die Sünden, wenn wir zur Umkehr bereit sind?

Er wollte, dass ich seinem Sohn im wahrsten Sinn des Wortes bei seinem Werk und vor allem in seiner schwersten Stunde bei-stehen sollte. So hat er – bildlich gesprochen – zuerst mich aus dem Sumpf gezogen, und ich sollte ihm dann beim Herausziehen der übrigen Menschen helfen.

Worin bestand deine Mithilfe?

Zunächst sicher in der Treue zu ihm. Jeder von uns weiß, wie wichtig es ist, in der Not jemanden Verlässlichen an seiner Seite zu haben. Die Apostel waren in der verwirrenden Situation der Verhaftung und Verurteilung Jesu überfordert, so fiel mir zusammen mit Maria von Magdala die Aufgabe zu, bei ihm zu bleiben, diesmal nicht bei ruhmreichen Taten, sondern bei seinem schmerzlichen Sterben!

Hat dich das nicht bitter gemacht – so nach dem Motto: Als Jesu berühmt und umschwärmt war, da durften ihn die anderen begleiten, jetzt aber, da es ihm schlecht ging, da war ich gut genug, diese Aufgabe zu übernehmen?

Nein, so habe ich nicht gedacht. Ich habe überhaupt nicht überlegt, ob es eine Zumutung wäre, jetzt zu meinem Sohn zu stehen. Ich sah einfach seine Not, und da war es für mich selbstverständlich, mit ihm zu gehen. Ich glaube, dass viele Mütter mich verstehen werden!

Und worin hat dieser Beistand nun genau bestanden? War es nur deine leibliche Anwesenheit?

Ich glaube, dass Jesus jemanden brauchte, der in dieser Situation nicht verzweifelte, der die Hoffnung nicht aufgab und der trotz allem Schrecklichem nicht aufhörte, zu glauben und zu lieben.

Aber übersteigt das nicht die Kraft eines Menschen?

Ja, es kostete alles, und es war ein Glauben, Hoffen und Lieben gegen alle Einsicht. Ich musste Widerstand leisten gegen den sich aufdrängenden Augenschein der Vergeblichkeit und gegen den Ansturm von Zorn und Verurteilung! Es brandete eine solche Woge von Hass, Ablehnung und hämischer Schadenfreude gegen meinen Sohn und mich heran, dass es wirklich ein Aufgebot aller Kraft benötigte, sich da nicht anstecken zu lassen!

Was hat dir die Kraft dazu gegeben?

Ich bin sicher, dass es der Heilige Geist war! Dabei war das nur die eine Seite dieses Spagates: die den Menschen zugewandte Seite. Ebenso furchtbar und schwierig war es, Gott gegenüber offen, vertrauensvoll und gelassen zu bleiben, ohne Groll, Misstrauen oder Verbitterung!

Hat das Jesus mit dem Wort gemeint: „Mein Gott, mein Gott, warum hast du mich verlassen?“

Das ist noch dazugekommen: Er musste einem Gott vertrauen, sich einem Gott ausliefern, von dessen Nähe überhaupt nichts mehr zu spüren war. Er musste sich auf diesen Gott stützen, der augenscheinlich weit weg, uninteressiert, vielleicht sogar abweisend war. Das war Glauben gegen alle Vernunft, Hoffen wider alle Hoffnung, Lieben gegenüber einer dunklen Wand!

Das muss schrecklich gewesen sein – aber was hat es gebracht?

In meinen Augen war das die größte Tat der Weltgeschichte – es war der Brückenbau über den Abgrund der Sünde, die Herstellung einer neuen Verbindung zwischen Gott und jedem Menschen auf dieser Welt!

Wie meinst du das?

Jesus hat die Treue, die Solidarität und Liebe sowohl Gott, dem Vater, wie auch allen Menschen gegenüber durchgehalten. Damit hat er allen, mochten sie auch noch so böse sein, die Möglichkeit geschaffen, zu Gott zu gelangen. Keiner kann zu weit entfernt sein, keiner zu verkommen, keiner zu verzweifelt, er streckt jedem die Hand hin und will ihn zum Vater führen. Ja, er ist selber die lebendige Brücke zum Himmel. Das Angebot gilt für alle und jeden persönlich in allen nur denkbaren Situationen – und das bis zum letzten Augenblick der Weltgeschichte!

Dann ist die Erlösung eine Brücke der Solidarität und kein rechtlicher Akt der Wiedergutmachung? So haben es mittelalterliche Theologen gelehrt, und man hört das in der Kirche manchmal noch heute!

Ja, ich wiederhole es noch einmal: Das Friedens- und Heilsangebot zwischen Gott und Mensch, das der gekreuzigte Jesus in seiner Person an uns richtet, gilt unwiderruflich für immer! Es ist der Freiheit jedes Einzelnen überlassen, dazu Ja oder Nein zu sagen. Ich sehe meine Aufgabe darin, viele Menschen auf diese große Chance ihres Lebens aufmerksam zu machen. Behutsam möchte ich sie dazu anregen, dass sie sich diese Versöhnung mit Gott schenken lassen!

Glorreicher Rosenkranz

Maria erwartet zusammen mit den Aposteln den Heiligen Geist

Im Dunkeln ausharren

Zum ersten Gesätz des schmerzhaften Rosenkranzes: „Der von den Toten auferstanden ist“

Wort der Heiligen Schrift:

Am ersten Tag der Woche kam Maria von Magdala frühmorgens, als es noch dunkel war, zum Grab und sah, dass der Stein vom Grab weggenommen war. Da lief sie schnell zu Simon Petrus und dem Jünger, den Jesus liebte, und sagte zu ihnen: Man hat den Herrn aus dem Grab weggenommen, und wir wissen nicht, wohin man ihn gelegt hat.

Da gingen Petrus und der andere Jünger hinaus und kamen zum Grab; sie liefen beide zusammen dorthin, aber weil der andere Jünger schneller war als Petrus, kam er als erster ans Grab. Er beugte sich vor und sah die Leinenbinden liegen, ging aber nicht hinein.

Da kam auch Simon Petrus, der ihm gefolgt war, und ging in das Grab hinein. Er sah die Leinenbinden liegen und das Schweißtuch, das auf dem Kopf Jesu gelegen hatte; es lag aber nicht bei den Leinenbinden, sondern zusammengebunden daneben an einer besonderen Stelle.

Da ging auch der andere Jünger, der zuerst an das Grab gekommen war, hinein; er sah und glaubte. Denn sie wussten noch nicht aus der Schrift, dass er von den Toten auferstehen musste.

Dann kehrten die Jünger wieder nach Hause zurück.

Joh 20,1-10

Reporter: Maria, wir freuen uns sehr, dich heute bei uns zu haben. Dieses Mal wollen wir über die Auferstehung Jesu nachdenken. Du warst doch damals auch dabei. Wie hast du Ostern erlebt?

Maria: Ja, das waren intensive Tage, die schwersten und zugleich schönsten Tage meines Lebens. Kannst du das verstehen?

Natürlich! Aber erzähle uns bitte: Wie ist es dir ergangen?

Ich bin an diesem Osterfest schon voll dunkler Vorahnungen nach Jerusalem hinaufgezogen. Mein Sohn hatte mir gegenüber immer wieder Andeutungen gemacht, dass er in den Tod gehen müsse und dass er dann auferstehen werde. Das hat mich als Mutter natürlich geschreckt, und spontan hätte ich ihn schützen wollen!

Hast du versucht, ihm dieses Vorhaben auszureden wie Petrus?

Nein, dazu hatte ich zu viel Ehrfurcht vor ihm und seiner Sendung. Ich habe das getan, was ich immer tat, wenn ich mit meinem Sohn nicht mehr mitkam: Ich bewahrte seine Worte im Herzen und dachte darüber nach. Diese Methode heißt bei mir: Herzensdialog! Das war mein Heilmittel – von Betlehem bis Golgota.

Und was ist bei diesem Nachdenken herausgekommen?

Es war kein Nachdenken mit dem Kopf, es ging tiefer. Eher ist es ein Fragen und Hören mit dem Herzen, und ein Bitten und Warten auf Licht und Klarheit!

Hat dir das Erleichterung gebracht?

Allmählich habe ich verstanden, dass sich Jesus diesen Weg nicht selber ausgesucht hatte, sondern dass er ihn im Gehorsam gegenüber dem Vater ging – und dass er davon die Erlösung der Welt erhoffte. Und dann habe ich mich an dem schweren Wort "Auferstehung" festgebissen.

Hattest du gewisse Vorstellungen, was er damit gemeint haben könnte?

Eben nicht, so etwas hatte auch ich noch nie erlebt, ebenso wie du! So war es nicht leicht, mir davon ein Bild zu machen! Ich ahnte, dass damit ein neues, hoffnungsvolles Leben für Jesus gemeint war, eine Bestätigung seiner Sendung durch den Vater im Himmel. Aber es blieb ziemlich vage.

Und wie ging es dir dann, als Jesus im Grabe lag?

Das wissen die Mütter am besten, die auch einmal ein Kind zu Grabe begleitet haben! Es war dunkel, herzzerreißend, und ich konnte mir – menschlich gesehen – überhaupt nicht vorstellen, dass sich da noch etwas ändern würde!

Und der Gedanke an die Auferstehung?

Ja, er klang in meinem Herzen nach, wie von ferne – und mit ihm ahnte ich die tiefe Geborgenheit, die meinen Sohn in seinem Tod umfing – trotz allem Schrecklichen, das geschehen war. Und diese vage Hoffnung, diese Geborgenheit strahlte auch auf mich aus. Aber du weißt, wie das ist in einem tiefem Schmerz: Alles tut weh, es dröhnt das Leid im Herzen, im Kopf, im Bauch... und da ist die Hoffnung ganz weit weg; nur ganz zart, ganz leise – aber sie war doch da!

Wir wissen von Erscheinungen des Auferstandenen – an die Frauen, an Petrus, an alle Apostel, an die Jünger von Emmaus, aber es fällt mir auf, dass von keiner Erscheinung für dich die Rede ist. Hat sich dir Jesus, der Auferstandene, nicht gezeigt?

Nein, er ist mir nicht erschienen.

Wie soll ich das verstehen? Du bist ihm doch am nächsten gestanden!

Er ist nicht erschienen, um Verbundenheit auszudrücken oder um Menschen zu belohnen, sondern um ihnen zu helfen, an seine Auferstehung zu glauben. Dieser Glaube war schon in mir – und mit ihm die Bereitschaft zu warten, bis er sich auch mir zeigen würde.

Und wie hat er sich dir gezeigt?

Nicht von außen, sondern von innen. Die innere Verbundenheit mit ihm, die seit seiner Empfängnis da war, ist nach der Botschaft der Auferstehung intensiver geworden, ja sie hat eine neue Qualität und Tiefe bekommen. Ich spürte, dass er da war, dass er in mir lebte und mir seine Nähe schenkte. So waren äußere Erscheinungen für mich dann gar nicht mehr so wichtig. Diese können nie so tief gehen und so das Innerste erfüllen!

Das klingt wunderbar! Können auch wir diese Gegenwart des Auferstandenen erfahren?

Ja, da bin ich ganz sicher! Doch möchte ich euch bitten: Habt Geduld, wenn euch Gott fern zu sein scheint. Wartet und bewegt seine Worte im Herzen! Dann werdet ihr innerlich so sensibel werden, dass ihr auch seine Antwort spürt, wenn die Zeit dafür reif ist. Vielleicht antwortet er auch durch ein äußerliches Ereignis! Und wenn ihr so bei ihm bleibt, werdet ihr erfahren, was ich erlebt habe. Die Kirche drückt es mit einem Psalmwort aus, das sie dem Auferstandenen in den Mund legt: „Ich bin erstanden und immer bei dir!" (Ps 139,18 nach der Vulgata)

Den Herrn erkennen

Zum 2. Gesätz des glorreichen Rosenkranzes: „Der in den Himmel aufgefahren ist"

Wort der Heiligen Schrift:

Jesus führte die Jünger hinaus in die Nähe von Betanien. Dort erhob er seine Hände und segnete sie.

Und während er sie segnete, verließ er sie und wurde zum Himmel emporgehoben;

sie aber fielen vor ihm nieder. Dann kehrten sie in großer Freude nach Jerusalem zurück.

Und sie waren immer im Tempel und priesen Gott.

Lk 24,50-53

Reporter: Herzlich willkommen, heilige Maria, bei unserem Gespräch!

Maria: Ich grüße alle, die mit uns über die Himmelfahrt Jesu nachdenken wollen.

Was möchtest du uns dazu sagen? Du hast sie doch miterlebt!

Ich war mit den Jüngern in Jerusalem, aber bei der eigentlichen Himmelfahrt war ich nicht dabei. Die erlebten nur die elf Apostel mit.

Das verstehen wir Menschen von heute nur sehr schwer! Besonders die Frauen sind sehr sensibel. Bist du freiwillig zu Hause geblieben oder haben dich die Apostel nicht mitgenommen? Was wäre ja eine richtige Diskriminierung – und da gehen wir heute in der Kirche auf die Barrikaden!

Ich war fast nie dabei, wenn sich Jesus mit den Aposteln traf. Das war zu unserer Zeit nicht üblich. Aber das hat meine persönliche Beziehung zu Jesus nicht berührt.

Warst du dir seiner so sicher? Hast du nicht Angst bekommen, dass er dich weniger liebt, wenn er die anderen öfter traf als dich?

Nein, ich musste meinen Sohn schon loslassen, als er sein öffentliches Wirken begann. Natürlich tat mir das weh, wie wohl jeder Mutter, aber ich habe schon immer gewusst, dass ich Jesus nicht für mich behalten durfte – und dass er mir nicht dadurch genommen wird, wenn er auch für andere Erlöser ist. Dazu ist er doch in die Welt gekommen!

Da sind wir schon bei einem Thema des heutigen Abends. Die Himmelfahrt Jesu war die Vollendung seiner Sendung. Er wurde in seine Stellung als der erhöhte Herr eingesetzt und vom Vater in Liebe empfangen. Wunderbar für ihn! Aber für die Zurückgebliebenen war das wohl sehr bitter! Jedenfalls ein schmerzlicher Abschied! Oder irre ich mich?

Menschlich gesehen war das sicher zu erwarten. Ich aber war sehr erfreut, als die Apostel nicht traurig, sondern froh und zuversichtlich vom Ölberg zurückkamen. Das könnt ihr auch in der Apostelgeschichte nachlesen.

Kannst du uns das erklären?

Ist dir schon einmal beim Lesen der Osterberichte aufgefallen, dass die Jünger den Auferstandenen oft nicht erkannten? Das ist doch – genau genommen – sehr seltsam. Wenn man einen Menschen liebt, wenn man jahrelang Tag und Nacht mit ihm zusammen ist, dann kennt man ihn, schon seine Bewegungen, seine Körperhaltung, seinen Schritt. Warum waren da wohl die Jünger so begriffsstutzig?

Ich bin da, um dir Fragen zu stellen, und nun befragst du mich? Ich stelle mir vor, dass ein Auferstandener eben anders aussieht als ein irdisches Lebewesen. Vielleicht ist sein Leib verschieden von dem unseren...

Mag sein, aber das war nicht das Problem der Apostel. Erinnere dich an die Emmausjünger. Die wären nie auf die Idee gekommen, dass da ein ungewöhnlicher Mensch mit einem verklärten Leib mit ihnen geht. Sie hielten den unbekannten Begleiter für einen normalen Menschen, doch für einen Fremden, den sie noch nie gesehen hatten.

Tatsächlich! Und Jesus hat sich gehörig anstrengen müssen, um ihnen klar zu machen, dass er es war, der sie begleitete!

Auch bei der Begegnung am See Tiberias war es ähnlich. Hast du schon einmal darüber nachgedacht, warum Jesus diesen Verfremdungseffekt – so würde man heute sagen – gewählt hat? Wenn man jemanden, der an der Auferstehung zweifelt, überzeugen möchte, dann müsste man sich doch so vertraut zeigen, dass man möglichst leicht zu erkennen ist, oder?

Da hast du sicher Recht! Und warum hat das Jesus nicht getan?

Es ging ihm bei seinen österlichen Begegnungen um etwas anderes, ja um viel mehr! Er musste seine Jünger nicht bloß überzeugen, dass er lebe, sondern auch dahin führen, dass sie seine neue Gegenwart unter ihnen erkennen konnten. Er ist ja bei seinem Tod nicht von ihnen fortgegangen, sondern durch seine Auferstehung in neuer Weise zu ihnen gekommen, nicht mehr gebunden an Raum und Zeit! So kann er jedem Menschen jeder Zeit nahe sein!

Wie sollen wir uns das vorstellen?

Er ist unter uns, und er bleibt immer bei uns, auch in der Zeit nach Ende der Erscheinungen, aber er ist unsichtbar. Damit wir leichter an seine Gegenwart glauben können, gibt er uns gewisse Zeichen. Auf sie hat er die Apostel bei den Erscheinungen hingewiesen. Wenn man nicht sensibel dafür ist, bleibt er ein Fremder, ganz weit weg von uns. Leider geht es heute vielen Menschen so, auch solchen, die sich Christen nennen!

Und was sind das für Zeichen, die er gibt?

Ich nenne heute nur ein paar: zum Beispiel das brennende Herz: Wenn Jesus uns innerlich anrührt und unser Innerstes beim Gedanken an ihn froh und glühend macht – dann ist er selber da, auch wenn wir ihn nicht sehen!

Oder: Das Verständnis der Schrift: Vielleicht sind auch dir schon manchmal die Augen aufgegangen für eine bestimmte Bibelstelle? Sie ist plötzlich lebendig, aktuell, lebensnah geworden und hat dir weitergeholfen. Das wäre ein zweites Zeichen für seine liebende Nähe!

Das intensivste Zeichen ist sicher das Brotbrechen: Wenn wir miteinander in seinem Namen Eucharistie feiern, dann dürfen wir ihn selber in unserer Mitte und in den Gestalten von Brot und Wein erkennen.

Aber das sind noch längst nicht alle Zeichen! Es wäre eine lohnende Aufgabe, aus der eigenen Erfahrung noch weitere zu suchen!

Herzlichen Dank für diese gute Anregung! Wir werden bei unserem nächsten Gespräch darauf zurückkommen!

Der Heilige Geist in unserem Alltag

Zum 3. Gesätz des glorreichen Rosenkranzes: „Der uns den Heiligen Geist gesandt hat“

Wort der Heiligen Schrift:
Als der Pfingsttag gekommen war, befanden sich alle am gleichen Ort.

Da kam plötzlich vom Himmel her ein Brausen, wie wenn ein heftiger Sturm daherfährt, und erfüllte das ganze Haus, in dem sie waren. Und es erschienen ihnen Zungen wie von Feuer, die sich verteilten; auf jeden von ihnen ließ sich eine nieder. Alle wurden mit dem Heiligen Geist erfüllt und begannen, in fremden Sprachen zu reden, wie es der Geist ihnen eingab.

In Jerusalem aber wohnten Juden, fromme Männer aus allen Völkern unter dem Himmel. Als sich das Getöse erhob, strömte die Menge zusammen und war ganz bestürzt; denn jeder hörte sie in seiner Sprache reden. Sie gerieten außer sich vor Staunen und sagten: Sind das nicht alles Galiläer, die hier reden? Wieso kann sie jeder von uns in seiner Muttersprache hören: Parther, Meder und Elamiter, Bewohner von Mesopotamien, Judäa und Kappadozien, von Pontus und der Provinz Asien, von Phrygien und Pamphylien, von Ägypten und dem Gebiet Libyens nach Zyrene hin, auch die Römer, die sich hier aufhalten, Juden und Proselyten, Kreter und Araber, wir hören sie in unseren Sprachen Gottes große Taten verkünden. Alle gerieten außer sich und waren ratlos. Die einen sagten zueinander: Was hat das zu bedeuten? Andere aber spotteten: Sie sind vom süßen Wein betrunken.

Apg 2, 1-13

Reporter: Heute wollen wir über das Pfingstereignis meditieren. Wieder ergibt sich für uns die erfreuliche Situation, in dir, Maria, eine Augenzeugin in unserer Mitte zu haben. Wie war das damals, als sich plötzlich vom Himmel her dieses Brausen erhob?

Maria: Das Schönste und Eindrucksvollste an Pfingsten war für mich nicht das ungewöhnliche Ereignis, das Brausen und die Feuerzungen, sondern das Erleben des gemeinsamen Betens. In der Heiligen Schrift steht ja: Sie verharrten einmütig im Gebet, zusammen mit den Frauen und mit Maria, der Mutter Jesu. Ihr wisst wohl alle, wie selten es unter den Menschen wahre Einmütigkeit gibt. Jeder hält etwas anderes für richtig, jeder möchte etwas anderes....

Was ist wahre Einmütigkeit? Heißt das, dass alle derselben Meinung sind und dasselbe suchen? Das geht doch nur mit Gehirnwäsche!

Was du uns da schilderst, ist nur ein verkrampfter menschlicher Versuch, Übereinstimmung gewaltsam oder mit ausgefeilten Methoden herzustellen. Das hat mit wahrer Einmütigkeit überhaupt nichts zu tun!

Was sonst?

Sie ist ein Geschenk, eine Frucht des Heiligen Geistes. Dann bleibt die Eigenart eines jeden erhalten, es sind kein Krampf und keine Gewalt dabei, und doch haben alle dieselbe Sehnsucht, denselben Wunsch, dasselbe Ziel.

Ist das auf Erden überhaupt zu erreichen? So bunt, wie die Menschen in ihrer Eigenart sind...

...so bunt ist auch die Möglichkeit, Einmütigkeit zu leben. Jeder und jede sucht und strebt nach dem einen Ziel - aber je nach der eigenen Veranlagung, den je eigenen Gaben und Möglichkeiten. Nur so können die Einzelnen einander überhaupt ergänzen! Und nur so kann ein gemeinsames Ziel erreicht werden!

Was können wir Menschen tun, um solche Einmütigkeit zu erreichen?

Vor allem Bemühen muss das Gebet stehen, wie vor Pfingsten! So war der Heilige Geist längst tätig, bevor die Apostel und die Menschen in Jerusalem seine Ankunft überhaupt bemerkten! Er lenkte schon die Herzen zum gemeinsamen Beten und Warten auf diesen Heiligen Geist!
Darf jetzt ich einmal eine Frage stellen?

Aber selbstverständlich! Nur weiß ich nicht, ob ich sie beantworten kann!

Bei unserem letzten Gespräch bat ich alle Interessierten, darüber nachzudenken, an welchen Kennzeichen wir die unsichtbare Anwesenheit des Auferstandenen erkennen können. Die Frage nach dem Wirken des Heiligen Geistes ist letzten Endes dieselbe Frage, nur anders formuliert. Denn überall dort, wo der Auferstandene da ist, wirkt er durch seinen Geist und umgekehrt!

Könntest du uns heute noch einige solcher Kennzeichen sagen?

Gerne! Wie gesagt: Innere Einmütigkeit trotz aller äußeren Unterschiede und aller Verschiedenheit der Charaktere ist eines von ihnen. Das meint auch das Wort des Evangeliums: Wo zwei oder drei in meinem Namen versammelt sind, da bin ich mitten unter ihnen!

Und welche andere gibt es sonst noch?

Das Pfingstereignis zeigt gleich mehrere auf: Wenn Menschen, die einander fremd waren, einander zu verstehen beginnen, dann ist Christus da, dann ist sein Geist am Werk. Er ist ja der Geist der Liebe, der Getrennte und Verfeindete verbinden möchte. Ebenso ist er überall dort, wo Menschen aufrichtig und konsequent den Glauben annehmen und leben.

Heißt das, dass der Heilige Geist viel öfter und viel unauffälliger wirkt, als wir meist meinen?

Genauso ist es. Immer, wenn ein Mensch oder eine Gruppe aufrichtig auf Gott hört, ist sein Geist am Werk. Ebenso, wenn wir ihn in der Gestalt von Fremden erkennen und annehmen. Dann begegnet uns der Auferstandene selbst, und wir nehmen ihn wahr durch den Heiligen Geist.

So ist Pfingsten gar nicht auf Pfingsten beschränkt? Oder wie soll ich sagen: Kommt der Heilige Geist also viel häufiger auf uns herab?

Ganz sicher! Wir brauchen unseren Alltag nur achtsam mit den Augen des Glaubens zu verfolgen. Das ist eine sehr hilfreiche und ermutigende Übung! Sie vertieft unsere Aufmerksamkeit für Gott und öffnet neue Räume, durch die der Heilige Geist auch heute das Antlitz der Erde verwandeln kann!

Der Himmel mitten unter uns

Zum 4. Gesätz des glorreichen Rosenkranzes: "Der dich, o,. Jungfrau, in den Himmel aufgenommen hat"

Wort der Heiligen Schrift:

Euer Herz lasse sich nicht verwirren. Glaubt an Gott, und glaubt an mich! Im Haus meines Vaters gibt es viele Wohnungen. Wenn es nicht so wäre, hätte ich euch dann gesagt: Ich gehe, um einen Platz für euch vorzubereiten? Wenn ich gegangen bin und einen Platz für euch vorbereitet habe, komme ich wieder und werde euch zu mir holen, damit auch ihr dort seid, wo ich bin.

Joh 14,1-3

Reporter: Maria, heute haben wir uns für unser Gespräch das vierte Gesätz des glorreichen Rosenkranzes vorgenommen: „Der dich, o Jungfrau, in den Himmel aufgenommen hat." – Da wird mir erst so richtig bewusst: Haben wir in dieser Stunde den Himmel mitten unter uns, wenn wir mit dir sprechen?

Maria: Ja, so kann man es sagen und sehen.

Heißt das, dass der Himmel nicht etwas ist, was streng von unserem irdischen Leben getrennt ist, sondern dass es da fließende Grenzen gibt?

Überall, wo Gottes Gegenwart geglaubt, erfahren und wirksam ist, dort ist auch ein Stück Himmel. Und ebenso ist es mit den Menschen, die bei ihm sind!

Wie sollen wir uns das vorstellen?

Das ist eine überaus tröstliche Wahrheit des Christentums: Wer bei Gott ist, ist in Gott auch dort, wo Gott ist. Das heißt, alle Heiligen, ja sogar unsere Verstorbenen, die wir bei Gott wissen, sind nicht von uns getrennt, sondern uns ganz nahe. Nur können wir sie nicht sehen.

Kannst du uns das näher erklären?

Der heilige Augustinus, der ebenso wie ich heute unsichtbar bei uns ist, hat einmal sinngemäß gesagt: Solange ein Mensch lebt, ist er dort, wo **er** eben ist, wenn er aber gestorben und bei Gott ist, ist er überall dort, wo **wir** sind und seiner gedenken!

Das klingt sehr tröstlich!

Ja, das möchte ich allen Trauernden zurufen: Glaubt doch, dass euer lieber Freund oder Verwandter nicht von euch weggegangen ist, sondern euch sieht und hört! Ihr könnt überall mit ihm reden und ihm nahe sein. Übrigens wissen das auch viele Menschen aus eigener Erfahrung: Sie spüren die Nähe des oder der Verstorbenen, und das gibt ihnen Kraft!

Kehren wir jetzt zu unserem Thema zurück: Da interessiert mich noch etwas ganz anderes. Darf ich dazu eine neugierige Frage stellen?

Natürlich! Ich kann ja dann selbst entscheiden, was ich beantworten möchte und was nicht!

Die katholische Kirche lehrt, dass du mit Leib und Seele in den Himmel aufgenommen wurdest. Wir würden so gerne etwas Genaueres darüber erfahren! Was soll das genau heißen?

Ich kann und möchte hier keine Enthüllungen vorbringen, wie ihr euch das Leben im Himmel und die Auferstehung der Toten vorstellen sollt. Gott hat euch dazu in seiner Weisheit gesagt, was ihr wissen müsst. Alles Weitere werdet ihr erfahren, wenn ihr selbst diesen Weg zu Gott gehen werdet. ...Aber ich sage euch gerne, was diese Glaubensaussage im Tiefsten bedeutet.

Unsere Ohren sind schon ganz gespitzt!

Wenn die Kirche lehrt, dass ich mit Leib und Seele in den Himmel aufgenommen wurde, dann möchte sie euch sagen, dass ich bereits die volle menschliche Vollendung meines Lebens erreicht habe. Durch Gottes erbarmende Liebe – nicht durch mein Verdienst - bin ich allein unter allen Menschen von der Erbsünde bewahrt und so beschützt worden, dass ich auch keine persönlichen Sünden begangen habe.

Jede Sünde aber wirkt sich auch auf die anderen Menschen aus, ebenso wie jede gute Tat.

Heißt das, dass von deinem Leben nur gute Einflüsse auf die Welt ausgegangen sind?

So ist es. Jede Sünde hat die Tendenz, weitere Sünden hinter sich zu ziehen. Wir kennen das alle: Wer verletzt wurde, verletzt wieder andere, wer angegriffen wird, schlägt zurück, wer sich ertappt fühlt, lügt, um sich zu schützen - und so weiter. So entsteht ein richtiges Netz der Sünde, eine Sündenverflochtenheit, die die ganze Menschheitsgeschichte durchzieht. Auch wenn ein Mensch gestorben ist und vielleicht selbst seine persönliche Vollendung erreicht hat, so können auf Erden die schlechten Einflüsse, die von seinem Leben ausgegangen sind, immer noch wirksam sein. Denkt daran, wie viele Menschen und Familien heute noch an den seelischen Folgen des letzten Krieges leiden!

Ist das so zu verstehen, dass ein Mensch nicht ganz zur Ruhe kommen kann, solange noch andere unter seinem Tun und dessen Konsequenzen leiden!

Ja, die Folgen einer Sünde sind vielleicht erst mit dem Tod des letzten Menschen am Jüngsten Tag beendet. Mir wurde als Ausrüstung für meine Aufgabe als Gottesmutter die Gnade geschenkt, dass niemand unter den schlechten Einflüssen meines Lebens zu leiden hat... So konnte ich auch Jesus, meinem Sohn, nur Gutes für sein Leben mitgeben. Und ich durfte wie Jesus schon meine letzte, endgültige Vollendung finden, die für alle erst am Ende der Welt erreicht wird.

Das ist wunderbar für dich! Hat das auch Auswirkungen für uns?

Es ist auch wunderbar für euch: Denn nur so kann ich ohne Brechung und Verfälschung auf das Ziel jedes Menschen und der ganzen Schöpfung hinweisen – auf diese letzte Vollendung, wenn einmal wirklich alles gut sein wird! Und zugleich kann ich euch ganz ungehindert beistehen auf eurem Weg zu Gott. Gott hat nur Lieblinge, und wenn er einem Menschen - wie in diesem Fall mir – eine besondere Gunst erweist, so soll sie für alle fruchtbar werden und allen Anlass zu Freude und Hoffnung geben!

Herrschen und Dienen

Zum 5. Gesätz des glorreichen Rosenkranzes: „Der dich, o Jungfrau, im Himmel gekrönt hat“

Wort der Heiligen Schrift:

Pilatus ging wieder in das Prätorium hinein, ließ Jesus rufen und fragte ihn: Bist du der König der Juden?

Jesus antwortete: Sagst du das von dir aus, oder haben es dir andere über mich gesagt?

Pilatus entgegnete: Bin ich denn ein Jude? Dein eigenes Volk und die Hohenpriester haben dich an mich ausgeliefert. Was hast du getan?

Jesus antwortete: Mein Königtum ist nicht von dieser Welt. Wenn es von dieser Welt wäre, würden meine Leute kämpfen, damit ich den Juden nicht ausgeliefert würde. Aber mein Königtum ist nicht von hier.

Pilatus sagte zu ihm: Also bist du doch ein König? Jesus antwortete: Du sagst es, ich bin ein König. Ich bin dazu geboren und dazu in die Welt gekommen, dass ich für die Wahrheit Zeugnis ablege. Jeder, der aus der Wahrheit ist, hört auf meine Stimme.

Joh 18,33-37

Reporter: Wir grüßen dich, Maria! Heute dürfen wir dich gleich zu Beginn als Königin des Himmels ansprechen, denn über dieses Geheimnis wollen wir heute mir dir reden.

Maria: Auch ich grüße alle Anwesenden!

Wenn ich daran denke, dass du die Königin des Himmels und der Erde bist, so weckt das in mir eine ganz besondere Hochachtung. Könige und Königinnen, Prinzen und Prinzessinnen erfreuen sich auch heute noch sehr großer Sympathien, obwohl wir längst in einer Demokratie leben. Merkst du etwas von diesem allgemeinen Interesse?

Da bin ich mir nicht so sicher. Wie mein Sohn Jesus muss ich sagen: Mein Königtum ist nicht von dieser Welt. Im Himmel bedeutet König oder Königin-Sein etwas ganz anderes als auf dieser Erde!

Was sollen wir uns darunter vorstellen?

Die irdischen Könige herrschen, sie haben das Sagen, und oft genug führen sie ein luxuriöses Leben, das sich ein Durchschnittsbürger nicht leisten kann. Darum schielen nicht wenige Menschen mit einer gewissen Sehnsucht und unstillbarer Neugierde auf die Königshäuser, die es noch gibt. Ob das Leben solcher königlicher Geschlechter tatsächlich so sorglos und frei ist, wie es ausschaut, sei dahingestellt, dennoch bringen sie den geheimen Wunsch vieler Menschen zum Schwingen, einmal etwas Besonderes zu sein.

Und wie sieht das im Himmel aus?

Der Himmelsthron, auf dem man mich oft darstellt, ist ein schlichter Holzschemel, auf dem ich sitze, um wie mein Sohn Jesus den Menschen zu dienen und ihnen die Füße zu waschen. Anders ausgedrückt: Ich verbringe meinen Himmel damit, den Menschen Gutes zu tun, denen, die mich darum bitten, und sogar denen, die es nicht tun. Es ist meine Sorge, ihre Sorgen möglichst früh zu entdecken, vielleicht, ehe sie ihnen selber bewusst werden. So habe ich es ja schon auf der Hochzeit zu Kana getan.

Und nehmen die Menschen diese Fußwaschung - wie du deinen Dienst bezeichnest – an?

Manche ja, manche nein. Bei den letzteren muss ich mich oft fortschicken, manchmal sogar beschimpfen und verachten lassen, weil sie nicht glauben können, dass ich es gut mit ihnen meine. Dann kann ich, wie mein Sohn sagt, nur die andere Wange hinhalten, wenn man mich auf die eine schlägt....

Das hört sich aber gar nicht königlich an!

Das entspricht eben dem Königtum des Himmels, nicht dem der Erde. Meine Herrschaft besteht im Dienen und im Lieben, ohne auf Erwiderung aus zu sein.

Ein undankbares Geschäft!

Ja, doch nur so kann ich dabei mitwirken, die schöpferische Liebe Gottes weiterzugeben. Sie gibt den Menschen nie auf und bietet ihm immer neu das Heil an. Nur so ist mein Tun nicht die Erwiderung menschlichen Handeln, sondern frei und kreativ, eine Fortführung der neuen Schöpfung, die Jesus seit seiner Auferstehung unablässig auf Erden wirkt.

Wo zeigt sich diese neue Schöpfung?

Überall dort, wo Menschen so zu lieben und zu dienen beginnen wie ich, Und das nicht aus Hilflosigkeit, weil sie sich nicht wehren können, auch nicht, weil man sie drückt, sondern weil Gottes Leben in ihnen die zerstörende Macht der Kälte und Lieblosigkeit aufsprengt. Und zusammen mit Jesus weiß ich: Diese Liebe wird letztlich stärker sein als alles Böse, als alle Gewalt und Schwäche, die das Leben auf Erden zerstören. Sie wird sich gerade in ihrer Demut durchsetzen!

So habe ich mir das Königtum des Himmels nicht vorgestellt!

Noch einen anderen wesentlichen Unterschied gibt es zwischen dem König-Sein im Himmel und auf Erden. Irdische Könige neigen dazu, ihre Vorrangstellung eifersüchtig zu verteidigen und durch Gewalt und Krieg darum zu kämpfen, dass sie an der Macht bleiben können.

Ich glaube, ich ahne, wie das im Himmel ist: Um das Königtum, wie du es geschildert hast, reißt sich wohl keiner! Das ist doch demütigend und unbequem!

Nur wer Jesus und sein Herzensanliegen verstanden und angenommen hat, kann ihm auf seinem Weg folgen. Er wird im Himmel dann auch gekrönt werden, da er denselben königlichen Dienst wie Jesus ausführen darf zum Heil der Welt. So gibt es im Himmel viele kleine und große Könige. Jeder, der es will, darf ein solcher König werden. Die Größe seines Reiches bemisst sich dann an der Größe seiner Liebe und selbstlosen Dienstbereitschaft! Diese beginnt schon hier auf Erden und wird dann bei Gott vollendet!

Das ist ja eine große Verheißung. Was kann einem Menschen helfen, diesen anspruchsvollen königlichen Weg zu gehen?

Ich rate ihm: Geh ihn nicht allein! Halte dich an Menschen, die es verstanden haben, was herrschen wirklich heißt. Schau auch auf Jesus und auf mich! Rufe uns nur an, wenn du bei dieser anspruchsvollen Aufgabe Hilfe brauchst. Es ist mir eine Freude, jedem zur Seite zu stehen und zu einem möglichst großen König an meiner Seite zu machen!

Petrus

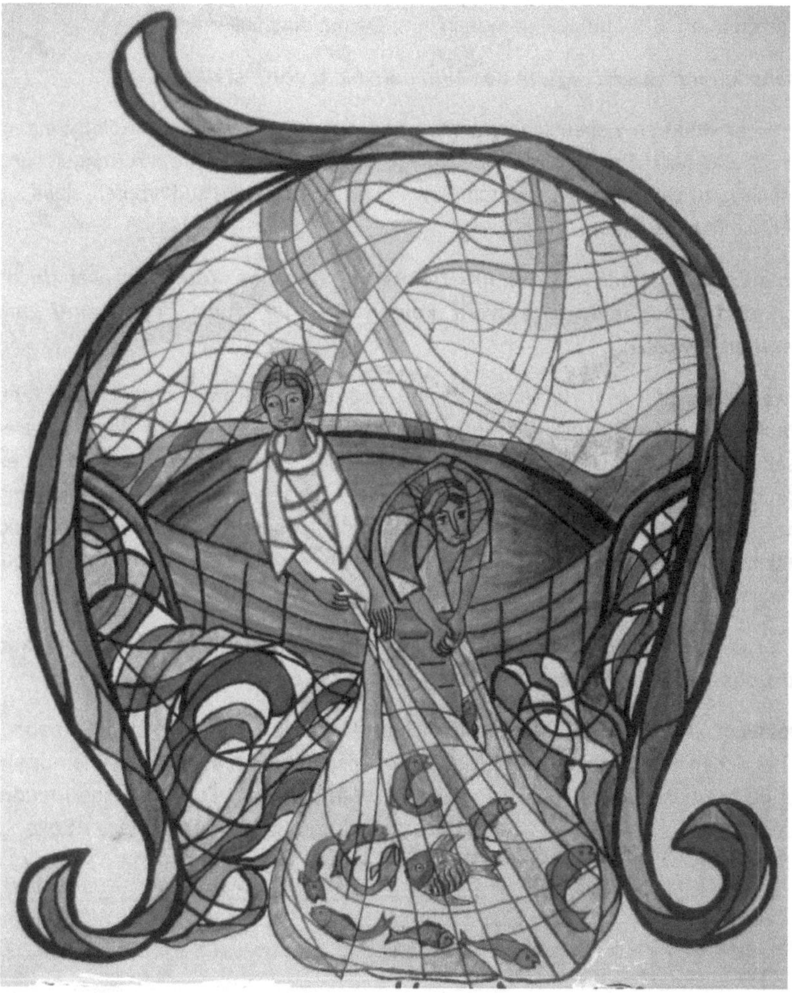

Der wunderbare Fischfang

Er braucht unsere Hilfe!

Wort der Heiligen Schrift:

Andreas traf zuerst seinen Bruder Simon und sagte zu ihm: Wir haben den Messias gefunden. Messias heißt übersetzt: der Gesalbte (Christus).

Er führte ihn zu Jesus. Jesus blickte ihn an und sagte: Du bist Simon, der Sohn des Johannes, du sollst Kephas heißen. Kephas bedeutet: Fels (Petrus).

Joh 1,41-42

Reporter: Heute dürfen wir einen ganz prominenten Gast zum Gespräch empfangen: Petrus, der von Jesus als Felsen in seiner Kirche eingesetzt wurde. Wir begrüßen dich, heiliger Petrus!

Petrus: Auch ich begrüße alle, die an meinem Leben und meiner Begegnung mit Jesus Christus interessiert sind. Wenn meine Antworten ihnen helfen, froher und überzeugter Christus nachzufolgen, dann ist es mir eine große Freude!

Wie hat denn deinen Beziehung mit Jesus begonnen? Wann hast du ihn zum ersten Mal gesehen?

Zuerst hat ihn mein Bruder Andreas getroffen. Er war von Jesus ganz begeistert und hat mir gleich von ihm erzählt.

Und du hast dich von deinem Bruder überzeugen lassen?

Wir haben uns sehr gut verstanden, mein Bruder und ich, und ich wusste: Wenn Andreas von jemandem beeindruckt ist, dann muss das wirklich ein besonderer Mensch sein. Mein Bruder stand nämlich mit beiden Füßen auf dem Boden der Wirklichkeit.

So bist du gerne mit ihm zu Jesus gegangen?

Ja! Auch mich hat Jesus nicht unberührt gelassen. Auf jeden Fall wollte ich ihn näher kennen lernen. Darum habe ich ihn auch in mein Haus eingeladen.

Und Jesus ist gekommen?

Ja, er war gerne einverstanden, weil er ohnehin ein Quartier am Ufer des Sees Gennesaret suchte. Jesus hat überhaupt immer gerne unsere Dienste angenommen. Er war nicht reich, sondern brauchte unsere Hilfe, und uns war es eine Ehre, sie ihm zu bieten.

Das klingt eigenartig, dass Jesus sich gerne helfen ließ. In den Augen vieler Christen ist er der große und mächtige Herr, der keiner Unterstützung bedarf!

Ja, er ist auch der Herr. Aber als er Mensch wurde, hat er sich damit von Menschen abhängig gemacht, von seiner Mutter, seinem Ziehvater, von den Leuten im Dorf und so weiter. Er ist in dieses Geflecht eingetreten, in dem jeder Mensch lebt: er dient den anderen mit seinen Gaben und Möglichkeiten, und die anderen dienen ihm.

Aber warum tut er das? Er hat es doch nicht nötig!

Er tut es, um uns tiefer mit ihm zu verbinden. Und es gibt kaum stärkere Bande, als wenn man aufeinander angewiesen ist. So ist er wirklich in eine Schicksalsgemeinschaft mit der Menschheit eingetreten.

Wenn man diesen Gedanken bis ans Ende spinnt, so heißt das, dass diese Schicksalsgemeinschaft auch heute noch weitergeht?

Ganz sicher! Auch heute noch wartet er auf jeden von uns, und er fragt jeden, den er trifft, ob er bereit ist, ihm bei seiner Aufgabe zu helfen.

Dieser Gedanke ist mir geläufig. Aber tut er das unseret- oder seinetwegen?

Er tut es unseret- und seinetwegen. Wir sollen in seinem Dienst wachsen und in der selbstlosen, starken Liebe reifen, insofern tut er es unseretwegen. Aber er tut es auch seines Reiches wegen: Nach Gottes Heilsplan macht er sich wirklich von unserem Einsatz anhängig. Wenn ich nicht meine Aufgabe gut erfülle, wenn ich den Glauben nicht im Rahmen meiner Berufung und meiner Möglichkeiten weitertrage und weitersage, dann geht er in der Welt zurück. Das erleben wir doch heute leider in vielen Ländern!

Ich weiß nicht, ob sich alle Christen dieser Verantwortung bewusst sind!

Umso wichtiger ist es, immer wieder daran zu erinnern. Gebraucht zu werden, ist das nicht für uns Menschen etwas, was tiefe Befriedigung schenkt? Ich darf wissen, wer immer ich bin, dass es auch und gerade auf mich ankommt. Mein Beitrag ist für das Reich, das Jesus verkündet hat, unverzichtbar und unersetzbar. Ich bin also wichtig für Gott, und er nimmt mich ernst!

Und wie ist es dann in deiner Beziehung mit Jesus weitergegangen?

Ich erlebte ihn als einen Menschen, der die Scharen mit seinem Wort zu fesseln vermochte. Er sprach wie einer, der Bescheid weiß. Er brachte keine Vermutungen und Hypothesen vor wie die Schriftgelehrten, sondern sprach Klartext. Und er redete gleichzeitig so einfach und bildhaft, dass ihn auch die Ungebildeten verstehen konnten.

Was hat dich noch beeindruckt?

Zugleich wendete er sich einem jedem Menschen ganz persönlich zu. Bei mir zu Hause war beispielsweise gerade die Schwiegermutter krank. Das war keine außergewöhnliche schwere Krankheit, einfach so eine vorübergehende Infektion, wie sie alle Menschen kennen. Aber an diesem Tag hatte sie tatsächlich hohes Fieber. Und Jesus interessierte sich dafür, als ich es beiläufig erzählte.

Sehr aufmerksam!

Das brachte mich auf die Idee, ihn zu fragen, ob er ihr nicht helfen könnte – und er ging zu ihr, richtete sie auf – und sie war gesund. Dabei war es ganz und gar nicht üblich, dass Männer kranke Frauen besuchten, die im Bett lagen. Hier war er ganz frei!

War eine solche Freiheit nicht anstößig? Das war doch gegen die gute Sitte?

Manche Gesetzestreue haben oft an ihm Anstoß genommen. Wir Fischer aber waren nicht so streng. Wir konnten mit unserem unregelmäßigen Dienst manche Gesetzesvorschriften nicht einhalten und haben im rauen Alltag schnell gelernt, das Wesentliche und Unwesentliche auseinanderzuhalten.

So seid ihr ihm auch innerlich frei begegnet?

Das war für uns eine große Chance, uns wirklich auf ihn einzulassen. Manchmal kann ein Weniger wirklich ein Mehr sein! Dafür danke ich Gott noch heute!

Herr, geh weg von mir!

Wort der Heiligen Schrift:

Als Jesus am Ufer des Sees Gennesaret stand, drängte sich das Volk um ihn und wollte das Wort Gottes hören. Da sah er zwei Boote am Ufer liegen. Die Fischer waren ausgestiegen und wuschen ihre Netze. Jesus stieg in das Boot, das dem Simon gehörte, und bat ihn, ein Stück weit vom Land wegzufahren. Dann setzte er sich und lehrte das Volk vom Boot aus.

Als er seine Rede beendet hatte, sagte er zu Simon: Fahr hinaus auf den See! Dort werft eure Netze zum Fang aus! Simon antwortete ihm: Meister, wir haben die ganze Nacht gearbeitet und nichts gefangen. Doch wenn du es sagst, werde ich die Netze auswerfen. Das taten sie, und sie fingen eine so große Menge Fische, dass ihre Netze zu reißen drohten. Deshalb winkten sie ihren Gefährten im anderen Boot, sie sollten kommen und ihnen helfen. Sie kamen, und gemeinsam füllten sie beide Boote bis zum Rand, so dass sie fast untergingen.

Als Simon Petrus das sah, fiel er Jesus zu Füßen und sagte: Herr, geh weg von mir; ich bin ein Sünder. Denn er und alle seine Begleiter waren erstaunt und erschrocken, weil sie so viele Fische gefangen hatten; ebenso ging es Jakobus und Johannes, den Söhnen des Zebedäus, die mit Simon zusammenarbeiteten. Da sagte Jesus zu Simon: Fürchte dich nicht! Von jetzt an wirst du Menschen fangen. Und sie zogen die Boote an Land, ließen alles zurück und folgten ihm nach.

Lk 5,1-11

Reporter: Heute wollen wir unser Gespräch fortsetzen. Du erzähltest uns das letzte Mal von deinen ersten Erfahrungen. Wie ist es dann weitergegangen?

Petrus: Die nächste wichtige Begegnung geschah wenig später auf dem See Gennesaret. Diese hatte wirklich umstürzende Bedeutung für mich – im wahrsten Sinn des Wortes! Ich saß mit meinem Bruder Andreas am Ufer, und wir arbeiteten an den Netzen. Wir waren eher missgestimmt und müde, denn wir hatten die ganze Nacht gearbeitet und nichts gefangen. Und da kam auf einmal Jesus und wünschte, dass wir ihn ein Stück vom Land wegruderten. Er wollte nämlich die Volksmenge besser überblicken können und auch selber besser gesehen werden.

Und ihr seid gleich losgefahren?

Aufrichtig gesagt, hatte ich keinerlei Lust dazu. Aber weil es Jesus war, tat ich es. Und es brachte mich auch ein wenig von meinen trüben Gedanken weg!

War die Predigt interessant?

Alle seine Predigten waren interessant. Aber ich könnte dir heute nicht wiedergeben, was er gesagt hat. Es ist in den dramatischen Ereignissen einfach untergegangen.

Was waren das für dramatische Ereignisse?

Am Ende seiner Rede wandte sich Jesus mir und meinem Bruder zu. Er hatte unsere schlechte Laune bemerkt und wollte uns helfen. So war er eben! Ja, und da forderte er uns aus, hinauszufahren und die Netze auszuwerfen!

Das klingt ja sehr ermutigend? Habe ihr euch gleich daran gemacht?

Offen gesagt, habe ich innerlich stark gezögert. Es war mir klar, dass keinerlei Chance mehr bestand, Fische zu fangen. Wenn die Sonne am Himmel hochsteigt, erwärmt sie nämlich das Wasser. Dann gehen die Fische in größere Tiefen hinunter und sind für die Netze nicht mehr zu erreichen. Das war ja der Grund, warum wir immer in der Nacht oder am frühen Morgen zum Fischen ausfuhren!

Hast du Jesus deine Bedenken mitgeteilt?

Bei jedem anderen Menschen hätte ich mir auf die Stirn getippt und gesagt: „Du meinst das sehr lieb. Aber vom Fischen hast du keine Ahnung." Bei Jesus wagte ich das nicht. Ich hatte mit ihm ja auch schon einiges Ungewöhnliche erlebt. So blieb ich still und tat schließlich, was er sagte – eben auf sein Wort hin!

Das verlangte aber einen großen Glauben!

Diese Entscheidung war die erste in meinem Leben, die ich nur aus dem Glauben heraus tat: weil Jesus es so sagte. Und ihr könnt euch vorstellen, dass ich damit auch einiges wagte. Viele Leute waren versammelt, von denen wenigstens einige erfahrene Fischer waren. Ich wäre das Gespött der ganzen Gegend geworden, wenn ich ohne Fische heimgekommen wäre!

Das war somit eine richtige Probe?

So kann man es sagen! Vielleicht schenkte uns Jesus gerade wegen dieser inneren Überwindung so reiche Frucht. Zwei Boote wurden von den Fischen bis an den Rand gefüllt! Das war wirklich ein starkes Stück!

Wie haben die Menschen darauf reagiert?

Viele waren sehr beeindruckt, manche lobten Gott, wieder andere überlegten, ob Jesus vielleicht einer der großen Propheten sei. Aber als es dann gegen Abend ruhiger wurde, gingen sie wieder nach Hause. Ob sich bei ihnen etwas Bleibendes verändert hat? Ich weiß es nicht!

Und wie ist es dir ergangen?

Mich traf dieser Fischfang wie ein Blitz. Natürlich war ich froh, dass ich mit meiner Familie nun für Tage, wenn nicht sogar für Wochen zu essen hatte, denn der Verkauf würde unseren Lebensunterhalt für eine gewisse Zeit sichern. Und doch kam ich gar nicht dazu, diese Gedanken weiterzuspinnen. Ich hatte so stark gespürt, dass da in Jesus eine Kraft am Werk war, die alles Menschliche weit überstieg. Eine abgrundtiefe Ehrfurcht erfasste mich vor seinem Geheimnis. Da war Gott selber gegenwärtig!

Hat das deine bisherige Weltsicht auf den Kopf gestellt?

Auf den Kopf gestellt ist vielleicht übertrieben. Ich war schon immer ein gläubiger Jude gewesen. Aber der Glaube und die Beziehung zu Jesus gewann plötzlich für mich eine Bedeutung, die ich ihnen sonst nie gegeben hätte! Ich fühlte mich vor seiner Größe verschwindend klein und spürte geradezu existentiell meine geschöpfliche Unvollkommenheit. Er und ich, das waren zwei Welten, und ich meinte, in seiner Nähe zunichte zu werden vor der Kraft, die von ihm ausging! So fiel ich vor ihm nieder, ich, der doch sonst so nüchtern war! Ich konnte nicht anders!

Heute würde man wohl von einer mystischen Erfahrung sprechen.

Darüber habe ich nie nachgedacht. Ich wusste bloß: Dieser Jesus ist mein Schicksal! Denn sosehr ich in seiner Nähe erschauerte, so sehr zog er mich auch an. Ihn wollte ich nie mehr verlieren und nie mehr verlassen! So bekam ich die Kraft, alles zurückzulassen und ihm nachzufolgen.

Es klingt überzeugend, wie du das schilderst. Trotzdem ist eine solche Lebensentscheidung in diesem Moment überraschend. Du zieht die Boote mit den Fischen ans Land, und statt dich über die Sicherung deiner Existenz zu freuen, gibst du im selben Augenblick alles auf! Was hat da deine Familie dazu gesagt?

Er war nicht so, dass ich die Fische nicht mehr verkaufte oder gar nicht mehr nach Hause kam. Ich wusste, dass die Familie auf mich und den Fischfang angewiesen war. So kümmerte ich mich weiterhin um sie, das war doch klar! Aber die Prioritäten hatten sich geändert. Bisher war ich beruflich Fischer, und in der verbleibenden Freizeit hielt ich mich bei Jesus auf. Nun aber war ich hauptberuflich Jünger Jesu und nahm daneben meine familiären Verpflichtungen wahr, soweit das nötig war.

War das überhaupt durchführbar? Du musstest doch fast jeden Abend zum Fischen!

Wir lebten in einer Großfamilie. Da gab es schon Möglichkeiten, die Arbeit anders aufzuteilen und einem Einzelnen mehr Freiraum zu schaffen. Aber meine Frau und meine Kinder haben zunächst schon geschluckt über diese Wendung der Dinge. Sie haben aber dann gemerkt, dass meine Liebe zu ihnen zwar quantitativ weniger spürbar, aber qualitativ herzlicher und tiefer wurde, und so konnten sie meine Entscheidung schließlich auch bejahen.

Der lange Atem Gottes

Wort der Heiligen Schrift:

Als Jesus in das Gebiet von Cäsarea Philippi kam, fragte er seine Jünger: Für wen halten die Leute den Menschensohn? Sie sagten: Die einen für Johannes den Täufer, andere für Elija, wieder andere für Jeremia oder sonst einen Propheten. Da sagte er zu ihnen: Ihr aber, für wen haltet ihr mich?

Simon Petrus antwortete: Du bist der Messias, der Sohn des lebendigen Gottes!

Jesus sagte zu ihm: Selig bist du, Simon Barjona; denn nicht Fleisch und Blut haben dir das offenbart, sondern mein Vater im Himmel. Ich aber sage dir: Du bist Petrus, und auf diesen Felsen werde ich meine Kirche bauen, und die Mächte der Unterwelt werden sie nicht überwältigen. Ich werde dir die Schlüssel des Himmelreichs geben; was du auf Erden binden wirst, das wird auch im Himmel gebunden sein, und was du auf Erden lösen wirst, das wird auch im Himmel gelöst sein.

Dann befahl er den Jüngern, niemand zu sagen, dass er der Messias sei.

Mt 16,13-20

Reporter: Herzlich willkommen, heiliger Petrus, zu unserem heutigen Gespräch. Diesmal geht es um dein Bekenntnis zu Christus, dem Messias.

Petrus: Ja, das war ein entscheidender Tag in meinem Leben, ihn werde ich niemals vergessen. Er hat sich so tief in mein Gedächtnis eingegraben, als wäre er erst gestern gewesen!

Viele von uns kennen die Szene schon aus dem Religionsunterricht, denn dein Wort und die Antwort Jesu liefern bis heute ein wichtiges Argument für das Petrusamt in der katholischen Kirche. Wie hast du diese Begegnung mit Jesus erlebt?

Jesus führte uns abseits der Menschenmassen, die uns zu dieser Zeit gewöhnlich folgten. Dazu ging er sogar in heidnisches Land, wo sich ein gläubiger Jude normalerweise nicht freiwillig aufhält.

Was hast du dir dazu gedacht?

Offen gesagt: Gar nichts! Ich war bei Jesus an Überraschungen gewohnt. Dass diesmal so wenige Menschen rund um uns waren, empfand ich als sehr angenehm, so konnten wir selber mit Jesus ungestört reden.

Vielleicht war das der Grund, warum Jesus diesen Weg gewählt hatte?

Ja ich glaube schon! Und Jesus bestätigte sehr schnell, dass er die Absicht zu einem intensiven Gespräch mit uns hatte, denn er begann, uns Fragen zu stellen.

Fragen? Ich dachte, <u>er</u> wollte euch etwas beibringen?

Natürlich! Aber das war so die Art Jesu. Er hat nie einen Lehrvortrag gehalten wie ein Professor oder wie seinerzeit die Schriftgelehrten. Er ging immer von alltäglichen Dingen aus und verknüpfte sie mit einer Frage oder einer anstößigen Erzählung, die geradezu zum Nachdenken zwang.

Und warum tat er das?

Es zeigt etwas von seinem Menschenbild und der Art und Weise, wie er uns voranbringen wollte: Er drängte uns nie eine Einsicht auf, sondern er begleitete uns auf dem Weg, selber die richtige Antwort zu finden. Und diese Lösung konnte je nach Mensch auch verschieden aussehen. Er ließ uns eine ganz große innere Freiheit!

Da können viele Lehrer eine Menge lernen!

Ganz bestimmt! Und dieses Mal wollte er einfach wissen, was die Menschen von ihm hielten.

Das war ja keine schwere Frage!

Nein, und wir zählten ihm auch sogleich die verschiedenen Ansichten auf, die wir gehört hatten: Er sei ein Prophet, Johannes der Täufer oder gar einer der alten Propheten, der wieder auferstanden sei. Aber damit war er nicht zufrieden. Ich hatte schon bei der Frage geahnt, dass es ihm um etwas ganz anderes ging! Er brauchte nicht unsere Aufzählung, um sich zu informieren oder sich selbst zu bestätigen! Er wollte unsere persönliche Stellungnahme erfahren. Deshalb fuhr er fort: „Ihr aber, für wen haltet ihr mich?"

Deine Antwort auf diese Frage ist bekannt. Musstest du da lange nachdenken?

Nein, überhaupt nicht. Das war meine Überzeugung, die durch mein Leben mit Jesus und das Miterleben seiner Worte und Taten gewachsen war. Nur jemand, in dem die Kraft Gottes in ganz besonderer, ja einzigartiger Weise am Werk war, konnte so wirken und sprechen wie er!

Und wie hast du dann Jesu Zusage erlebt? Er hat dir ja im Gegenzug große Verheißungen gemacht. Hattest du solche Worte erwartet?

Aufrichtig gesagt bin ich erschrocken! Ich spürte, dass mich diese Zusagen bei Weitem überforderten. Was sollte ich kleiner Fischer mit den Schlüsseln des Himmelreiches tun?

Hast du dich also gar nicht gefreut?

Doch, natürlich habe ich mich gefreut und geehrt gefühlt! Aber wie gesagt: Die Gefühle waren gemischt!

Und was glaubst du heute, was Jesus mit diesen Worten sagen wollte?

Sie sind vielschichtig. Ich kann und will hier keine umfassende Auslegung liefern. Aber eines möchte ich festhalten: Ich bin sicher, dass er jedem Menschen die felsenfeste Zusage gibt: Wenn du dein Leben klar und entschieden auf mich setzt, wenn du die anderen Prioritäten zurückreihst hinter die Freundschaft mit mir, dann kannst auch du Fels sein. Dann darfst auch du – je nach deiner Berufung – Großes und Entscheidendes in meinem Reich wirken. Und das nicht, weil du so toll bist, sondern weil du mir mit deinem Vertrauen einen Blankoscheck in die Hand gibst. Damit machst du es möglich, dass ich in dir meine ganze Kraft und Weisheit ins Spiel bringen kann!

Das ist eine sehr ermutigende Zusage! Und sie grenzt niemanden aus! Aber ist das alles? Bis heute berufen sich die Päpste auf diese Stelle, um ihre Sendung zu legitimieren!

Das ist richtig, und sie haben Recht damit. Mir war es wichtig zu zeigen, dass Jesus mit seinen Worten eine grundlegende Ermutigung ausgesprochen hat, die allen gilt. In der Kirche gibt es aber verschiedene Dienste, und jeder wird vom Heiligen Geist für die Aufgabe gerüstet, die ihm zugedacht ist. So dürfen auch Päpste und Bischöfe sicher sein, dass Jesus ihnen hilft, mit den Schlüsseln des Himmelreiches gut umzugehen, trotz aller menschlichen Begrenzungen, die sie haben und die im Lauf der Geschichte oft zu spüren waren. Gott hat den längeren Atem! Er führt die Kirche nicht immer auf dem kürzesten und einfachsten Weg, aber er lässt sie nicht fallen, und sie wird sicher ans Ziel kommen. Der beste Beweis dafür bin ich selber mit meinem eigenen Leben!

Aber jetzt noch eine kritische Abschlussfrage. Es hat im Lauf der Geschichte auch sehr verweltlichte Päpste gegeben, die sicher nicht ihr ganzes Vertrauen auf Jesus, den Fels, setzten. Kann die Kirche in einem solchen Fall nicht doch Schiffbruch erleiden?

Natürlich hat jeder Papst und jeder Bischof eine schwere Verantwortung, und ein persönliches Versagen kann für die Kirche und viele Menschen darüber hinaus schlimme Folgen haben. Auch das haben wir in Krisenzeiten der Kirchengeschichte schon erlebt. Aber trotzdem möchte ich festhalten: Gott hat uns so fest in seiner Hand, und er hat so viel Phantasie, dass er die Seinen trotzdem weiterführt und nicht zulässt, dass sie endgültig in die Irre gehen. Der Grund dafür ist er selber mit seiner Allmacht und Treue, nicht menschliche Weisheit und Tüchtigkeit! So dürfen wir im Vertrauen auf ihn in der Kirche ausharren, denn der Fels, auf den sie gebaut ist, ist letztlich er selber!

Weg mit dir, Satan!

Wort der Heiligen Schrift:

Jesus begann seinen Jüngern zu erklären, er müsse nach Jerusalem gehen und von den Ältesten, den Hohenpriestern und den Schriftgelehrten vieles erleiden; er werde getötet werden, aber am dritten Tag werde er auferstehen. Da nahm ihn Petrus beiseite und machte ihm Vorwürfe; er sagte: Das soll Gott verhüten, Herr! Das darf nicht mit dir geschehen!

Jesus aber wandte sich um und sagte zu Petrus: Weg mit dir, Satan, geh mir aus den Augen! Du willst mich zu Fall bringen; denn du hast nicht das im Sinn, was Gott will, sondern was die Menschen wollen.

Darauf sagte Jesus zu seinen Jüngern: Wer mein Jünger sein will, der verleugne sich selbst, nehme sein Kreuz auf sich und folge mir nach. Denn wer sein Leben retten will, wird es verlieren; wer aber sein Leben um meinetwillen verliert, wird es gewinnen.

Was nützt es einem Menschen, wenn er die ganze Welt gewinnt, dabei aber sein Leben einbüßt? Um welchen Preis kann ein Mensch sein Leben zurückkaufen?

Mt 16,21-26

Reporter: Petrus, danke, dass du heute mit uns über die erste Leidensansage Jesu und deine Reaktion darauf sprechen willst. Es ist ein Ereignis, dass für dich vermutlich eher peinlich gewesen ist. Darum wissen wir es umso mehr zu schätzen, dass du bereit bist, auch zu diesem Thema auf unsere Fragen zu antworten!

Petrus: Du hast Recht, dieses Thema beinhaltet für mich keine schöne Erinnerung, aber umso mehr eine heilsame. Darum halte ich es für wichtig, dass wir es nicht in unseren Interviews ausklammern!

Die Stimmung in eurem Gespräch hat sehr schnell umgeschlagen! Zuerst wird dir zugesagt, dass deine Worte nicht von Fleisch und Blut kommen, sondern vom Vater im Himmel. Und dann plötzlich wirst du mit „Satan" angeschnauzt!

Ja, das war wirklich ein abrupter Absturz, ein richtiges Wechselbad! Ich war total verwirrt und wusste nicht mehr, ob ich meinen Gefühlen trauen konnte oder nicht. Aber das war erst die zweite Reaktion. Die erste war, dass ich unheimlich Angst bekam um Jesus. Das war doch wirklich furchtbar, was er uns da vorausgesagt hatte!

Meinst du damit die Voraussage, er werde vieles erleiden müssen und getötet werden...

Verstehst du, was das für mich, für uns bedeutete? Endlich hatten wir den gefunden, der Israel retten konnte, wir hatten alles auf eine Karte gesetzt – und nun sagt er da, er werde scheitern. Mit ihm wäre dann unsere Hoffnung begraben und unser Leben vertan!

Das kann ich gut nachempfinden! Aber die Voraussagung der Auferstehung - hat die euch nicht getröstet?

Die haben wir gar nicht gehört. Leiden und Tod, das war so schlimm und endgültig, dass der Rest des Satzes untergegangen ist. Überhaupt – was hätten wir uns darunter auch vorstellen sollen? Uns fehlte jeder Vergleich!

Und wie ist es dann weitergegangen? Was hat euch weitergeholfen?

Aufrichtig gesagt: Gar nichts! Wir konnten uns damals alle nicht auf diese Zukunftsperspektive einlassen, wir haben sie einfach verdrängt, würde man heute sagen. Und immer, wenn etwas von Jesu Macht in seinen Worten oder Werken aufleuchtete, hat sich die Hoffnung neu geregt, dass es doch nicht so schlimm kommen werde! So nach dem Motto: Es wird nicht so heiß gegessen wie gekocht!

Kannst du also auch Menschen verstehen, die durch einen Schicksalsschlag in eine ähnliche Situation der Ratlosigkeit und Ohnmacht versetzt werden?

Voll und ganz! Ihr wisst natürlich heute schon, dass Jesus auferstanden ist. Es ist mir aber klar, dass das auch euch nicht viel mehr sagt als uns damals, eben weil es etwas so Unvorstellbares ist, der Einbruch einen anderen Welt, von der wir sonst im Alltag herzlich wenig bemerken!

Was würdest du jemandem raten, der in eine solche Situation der Verwirrung geraten ist?

Ich würde sagen: Halte aus und bleib bei Jesus. Geh nicht weg von ihm! Mach weiter, so gut du kannst. Er wird dich führen und helfen, dass wieder Licht ins Leben kommt! So war es bei uns! Aber es ist ein dramatischer Weg, der auch durch sehr dunkle Schluchten und Täler gehen kann! Übrigens ist es genau das, was mir Jesus gesagt hat, nur habe ich das erst viel später verstanden.

Wie meinst du das?

Nach diesem scharfen Wort:„Weg mit dir, Satan“, fuhr Jesus fort: „Hinter mich!“

Das wird aber meiner Erinnerung nach anders übersetzt: „Geh mir aus den Augen“, oder so ähnlich...

Wörtlich heißt es, wie ich gesagt habe: „Hinter mich!“. Ich habe allmählich gelernt zu verstehen, dass mich Jesus mit diesen Worten eingeladen hat, ihm nicht entgegenzutreten mit meinen Wünschen und Vorstellungen, sondern ihm einfach nachzufolgen Schritt für Schritt, wie ich es ja schon begonnen hatte...

Und was passiert dann?

Ich bin sicher, dass es jedem Jünger Jesu dann so ergeht wie mir: Der Lebensweg ist nicht immer einfach und das Ziel bisweilen außer Sicht, aber eines Tages ist dann doch Ostermorgen und Pfingsttag, und neues Licht flutet in das Herz!

Jetzt möchte ich nochmals darauf zurückkommen, was du gesagt hast: Du wusstest nicht mehr, ob du deinen Gefühlen trauen konntest. Du hast ja zwei sehr gegensätzliche Erfahrungen gemacht: Zuerst sagte dir Jesus: „Nicht Fleisch und Blut haben dir das geoffenbart, sondern mein Vater im Himmel!“ und dann auf einmal: „Weg mit dir, Satan!“ Wie konntest du so gegensätzliche Aussagen einordnen?

Ja, das war zunächst schwer, denn ich hatte beide Male einfach meine Empfindungen ausgesprochen, ohne viel zu überlegen!

Wie sollen wir also mit unseren spontanen Gefühlen umgehen? Woran erkennen wir, ob sie von Gott kommen oder vom Bösen?

In dieser Hinsicht, meine ich, habt ihr es heute leichter als ich damals! Ihr wisst schon die Leitlinien des Weges, den Jesus gegangen ist. Wenn euch eure Empfindungen auf diesen Weg schicken oder auf ihm bestärken, sind sie wohl vom Heiligen Geist eingegeben; wenn sie aber von Jesus wegführen, kommen sie nicht von ihm. Er und sein Leben bleiben für uns maßgeblich in allen Zeiten der Geschichte, und unser

Platz ist auch stets derselbe: bei ihm, oder besser: hinter ihm, um mit ihm zusammen Schritt für Schritt den Weg durch das Kreuz hindurch zur Auferstehung zu gehen!

Du hast Worte des ewigen Lebens!

Wort der Heiligen Schrift:

Danach ging Jesus an das andere Ufer des Sees von Galiläa, der auch See von Tiberias heißt. Eine große Menschenmenge folgte ihm, weil sie die Zeichen sahen, die er an den Kranken tat. Jesus stieg auf den Berg und setzte sich dort mit seinen Jüngern nieder. Das Pascha, das Fest der Juden, war nahe. Als Jesus aufblickte und sah, dass so viele Menschen zu ihm kamen, fragte er Philippus: Wo sollen wir Brot kaufen, damit diese Leute zu essen haben? Das sagte er aber nur, um ihn auf die Probe zu stellen; denn er selbst wusste, was er tun wollte.

Philippus antwortete ihm: Brot für zweihundert Denare reicht nicht aus, wenn jeder von ihnen auch nur ein kleines Stück bekommen soll. Einer seiner Jünger, Andreas, der Bruder des Simon Petrus, sagte zu ihm: Hier ist ein kleiner Junge, der hat fünf Gerstenbrote und zwei Fische; doch was ist das für so viele! Jesus sagte: Lasst die Leute sich setzen! Es gab dort nämlich viel Gras. Da setzten sie sich; es waren etwa fünftausend Männer. Dann nahm Jesus die Brote, sprach das Dankgebet und teilte an die Leute aus, soviel sie wollten; ebenso machte er es mit den Fischen.

Als die Menge satt war, sagte er zu seinen Jüngern: Sammelt die übriggebliebenen Brotstücke, damit nichts verdirbt. Sie sammelten und füllten zwölf Körbe mit den Stücken, die von den fünf Gerstenbroten nach dem Essen übrig waren.

Als die Menschen das Zeichen sahen, das er getan hatte, sagten sie: Das ist wirklich der Prophet, der in die Welt kommen soll. Da erkannte Jesus, dass sie kommen würden, um ihn in ihre Gewalt zu bringen und zum König zu machen. Daher zog er sich wieder auf den Berg zurück, er allein.

(In der Synagoge von Kapharnaum sagte Jesus:)

Ich bin das Brot des Lebens.

Eure Väter haben in der Wüste das Manna gegessen und sind gestorben. So aber ist es mit dem Brot, das vom Himmel herabkommt: Wenn jemand davon isst, wird er nicht sterben.

Viele seiner Jünger, die ihm zuhörten, sagten: Was er sagt, ist unerträglich. Wer kann das anhören? Jesus erkannte, dass seine Jünger darüber murrten, und fragte sie: Daran nehmt ihr Anstoß? Was werdet ihr sagen, wenn ihr den Menschensohn hinaufsteigen seht, dorthin, wo er vorher war? Der Geist ist es, der lebendig macht; das Fleisch nützt nichts. Die Worte, die ich zu euch gesprochen habe, sind Geist und sind Leben.

Aber es gibt unter euch einige, die nicht glauben. Jesus wusste nämlich von Anfang an, welche es waren, die nicht glaubten, und wer ihn verraten würde. Und er sagte: Deshalb habe ich zu euch gesagt: Niemand kann zu mir kommen, wenn es ihm nicht vom Vater gegeben ist.

Daraufhin zogen sich viele Jünger zurück und wanderten nicht mehr mit ihm umher. Da fragte Jesus die Zwölf: Wollt auch ihr weggehen? Simon Petrus antwortete ihm: Herr, zu wem sollen wir gehen? Du hast Worte des ewigen Lebens. Wir sind zum Glauben gekommen und haben erkannt: Du bist der Heilige Gottes.

Joh 6, 1-15. 48-50.64-69

Reporter: Heiliger Petrus, heute wollen wir über ein anderes deiner Worte nachdenken, das uns das Johannesevangelium überliefert: „Herr, wohin sollen wir gehen? Du hast Worte des ewigen Lebens!“ Kannst du uns das ein wenig erklären?

Petrus: Zuerst muss ich euch die Umstände schildern, damit ihr die Situation besser einordnen könnt. Jesus hatte eine große Menschenmenge satt gemacht, und das mit nur fünf Gerstenbroten und zwei Fischen. Natürlich waren die Leute begeistert. Sie hätten Jesus am liebsten zum König gemacht.

Und wie ist es euch dabei gegangen?

Wir waren ebenso überrascht und aufgeregt, denn wir hatten noch viel besser als die anderen gesehen, dass tatsächlich fast keine Lebensmittel da gewesen waren. Viele haben das gar nicht so genau gemerkt.

Wieso?

Ihr müsst euch das so vorstellen: Wir gingen umher, jeder Apostel trug einen Korb, aus dem sich die Menschen bedienen konnten. Jeder Anwesende nahm aus dem halbvollen Korb heraus, was er brauchte, er setzte sich mit seiner Familie ins Gras und begann zu essen. Für viele war da nichts Ungewöhnliches zu bemerken. Erst hinterher, als sie erfuhren, dass nur so wenige Brote zur Verfügung gestanden hatten, begann das Raunen!

Und wie ist es euch beim Austeilen gegangen?

Zunächst war es für mich eine Überwindung, mit einem halben Korb auf Tausende Menschen zuzugehen. Aber ich war ja schon einiges bei Jesus gewohnt, so tat ich es trotzdem. Und erst allmählich fiel mir auf, dass der Korb nicht leer wurde.

Diese Art des Wirkens ist erstaunlich. Wenn Jesus hätte Eindruck machen wollen, so hätte er die fünf Brote vor sich hinlegen und dann den Segen sprechen können. Und auf einmal wäre die Zahl der Brote gewachsen und gewachsen bis zu der großen Zahl, die für 5000 Männer notwendig ist. Aber das wollte er offenbar nicht!

Nein, Jesus vermied alles, was irgendwie hätte Aufsehen erregen können. Ihm war nicht das Wunder an sich das wichtigste, sondern seine zeichenhafte Bedeutung.

Und worin bestand diese?

Er wollte auf das Brot hinweisen, das er selber war und das er uns als Andenken an sein Leiden, seinen Tod und seine Auferstehung hinterlassen sollte. Deshalb schreibt der Evangelist Johannes unmittelbar nachher die sogenannte Eucharistische Verheißungsrede. Sie enthält wunderbare Aussagen über die Verbundenheit mit Jesus, die er uns durch dieses Sakrament schenken möchte, und das ewige Leben. Und doch erntet Jesus für seine Worte Kopfschütteln, damals wie heute!

Wie erklärst du dir das?

Viele Menschen können nur das annehmen, was irgendwie in ihren Horizont und in ihr Weltbild passt, eben das, was sie begreifen und überprüfen können. Und da kommen sie mit diesen Geheimnissen des Glaubens natürlich nicht zurecht!

Welche Haltung würdest du uns empfehlen?

Eben jene, die ich in dem Wort zum Ausdruck brachte, über das wir heute reden wollen: „Wohin sollen wir gehen? Du allein hast Worte des ewigen Lebens!“ Auch wir Apostel haben die Worte Jesu damals nicht verstanden. Wir brauchten Jahre, um ihre Tiefe und Bedeutung zu erfassen. Aber wir haben uns für Jesus entschieden, und damit auch dafür, uns von ihm führen lassen, selbst wenn wir die Richtung nicht kannten.

Da muss man sich und seine Denkweise aber total loslassen!

Genau das ist die Haltung, auf die es Jesus ankommt. Er will uns auf einen wunderbaren Weg führen, der weit über unseren Horizont hinausgeht. Aber dorthin können wir nur gelangen, wenn wir uns ihm anvertrauen. Wenn einer bereit ist, nur solange mitzugehen, als er die Schritte nachvollziehen und begreifen kann, wird er nie über sein Niveau erhoben werden können. Und er verpasst die Chance, von Gott selber mit göttlichem Leben beschenkt zu werden.

Unsere Zeit rühmt sich, kritische Menschen zu erziehen, die alles prüfen!

Natürlich braucht es eine gesunde Kritikfähigkeit. Man muss ja die Menschen ansehen, die große Versprechungen machen, ob sie glaubwürdig sind. Ihren Höhepunkt aber erreicht diese Fähigkeit dann, wenn sie bei Jesus nach sorgfältiger Prüfung sagen kann: Du bist mehr als ein gewöhnlicher Mensch, das sehe ich an deinen Worten und an deinen Wundern! Bei dir gelten andere Maßstäbe. Darum strecke ich die Waffen und vertraue dir, auch dort, wo ich nicht alles verstehe! Das ist das schönste Geschenk, das wir Jesus machen können: wenn er bei uns seine göttliche Kraft und seine überraschenden Möglichkeiten ins Spiel bringen kann.

Gibt sich der Mensch damit nicht selber auf?

Ich meine: nein! Er gibt sich nicht auf, sondern gibt sich einem Größeren hin. Das ist ein wirkliches Abenteuer, weil wir nicht wissen, wohin er uns führt, aber es macht unser Leben spannend, reich und erfüllt. Das kann ich aus eigener Erfahrung bezeugen!

Die zweite Begegnung

Wort der Heiligen Schrift:

Darauf nahmen sie Jesus fest, führten ihn ab und brachten ihn in das Haus des Hohenpriesters. Petrus folgte von weitem.

Mitten im Hof hatte man ein Feuer angezündet, und Petrus setzte sich zu den Leuten, die dort beieinandersaßen. Eine Magd sah ihn am Feuer sitzen, schaute ihn genau an und sagte: Der war auch mit ihm zusammen. Petrus aber leugnete es und sagte: Frau, ich kenne ihn nicht.

Kurz danach sah ihn ein anderer und bemerkte: Du gehörst auch zu ihnen. Petrus aber sagte: Nein, Mensch, ich nicht!

Etwa eine Stunde später behauptete wieder einer: Wahrhaftig, der war auch mit ihm zusammen; er ist doch auch ein Galiläer. Petrus aber erwiderte: Mensch, ich weiß nicht, wovon du sprichst. Im gleichen Augenblick, noch während er redete, krähte ein Hahn.

Da wandte sich der Herr um und blickte Petrus an. Und Petrus erinnerte sich an das, was der Herr zu ihm gesagt hatte: Ehe heute der Hahn kräht, wirst du mich dreimal verleugnen. Und er ging hinaus und weinte bitterlich.

Lk 22,54-62

Reporter: Unser heutiges Thema führt uns in die bewegtesten und auch traurigsten Augenblicke deines Lebens, heiliger Petrus. Sehe ich das richtig?

Petrus: Ja, da hast du Recht. Und doch war diese Erfahrung in meinem Leben sehr wichtig. Ich möchte sie nicht missen!

Das überrascht mich! Keiner wird gerne an Leiden und Misserfolge erinnert.

Auch ich erinnere mich nicht mit Freude an Leiden und Misserfolge. Aber unvergesslich bleibt mir die erste wirklich persönliche, oder besser, die zweite ganz persönliche Begegnung mit Jesus.

Was willst du damit sagen? Du warst doch jahrelang mit dem Herrn unterwegs!

Verstehst du? Unterwegs sein kann nicht jederzeit tiefe persönliche Begegnung sein, da gibt es auch den Alltag, und da gibt es die Zeiten des mehr äußerlichen Lernens. Doch die Begegnung mit Jesus auf seinem Leidensweg hatte eine Intensität, die nur von der Erfahrung der Berufung nach dem wunderbaren Fischfang erreicht wurde!

Wir wollen nicht indiskret sein, aber kannst du uns ein wenig mehr darüber sagen?

Es ist allgemein bekannt, dass ich mir vor dem letzten Gang Jesu nach Jerusalem und auch noch vor dem letzten Abendmahl den Mund sehr voll nahm. Ich beteuerte, dass ich Jesus niemals verlassen würde. Und ich habe es bitter ernst gemeint!

Hat dich im entscheidenden Augenblick dann doch der Mut verlassen?

So würde ich es nicht sagen. Ich wäre bereit gewesen, mit der Waffe in der Hand für Jesus zu sterben. Deshalb habe ich am Ölberg auch nach dem Schwert gegriffen und auf die Soldaten und Gefolgsleute des Hohenpriesters eingehauen. Das war lebensgefährlich, ja waghalsig, weil ich nicht über die gleiche Ausrüstung verfügte wie sie. Und überdies waren wir in der Minderzahl!

Warum hat dich dann die Frage einer Magd so umgeworfen?

Weil ich über die Verhaftung Jesu total verwirrt war. Ich hatte gehofft, er werde wenigstens in diesem entscheidenden Augenblick seine göttliche Macht zeigen und die Feinde niederringen, vielleicht sogar ohne einen Schwertstreich. Jesus war ja schon wiederholt bedroht worden, etwa in Nazareth, und hatte das souverän überwunden. Wenn er sich nicht ergreifen lassen wollte, ging er einfach durch die Menge hindurch, und sie konnte ihm nichts anhaben!

Dieses Mal aber kam es ganz anders...

Ja, er ließ sich widerstandslos festnehmen und tadelte sogar meinen Griff nach dem Schwert. Nun kannte ich mich nicht mehr aus! Ich war wie gelähmt, und meine ganze innere Vorstellung von der Rettung Israels brach in sich zusammen. Ich wusste buchstäblich nicht mehr, woran ich mich halten konnte. Kannst du das verstehen?

Ich glaube schon. Viele von uns kennen aus eigener Erfahrung solche Situationen, in denen eine Welt zusammenstürzt und einem der Boden unter den Füßen weggezogen wird. Hast du dich dann auch hilflos und verloren gefühlt wie ein kleines Kind?

Genauso ist es mir ergangen! In diesem Augenblick hatte ich dann einfach keine Kraft mehr zum Bekenntnis! Ich wusste ja auch gar nicht mehr, was ich glauben sollte, noch, was ich für die Zukunft erhoffen konnte. Alles war mir unter den Händen zerronnen!

Aber sag einmal, wo hast du dann in dieser Situation eine solch tiefe Begegnung mit Jesus erlebt?

Es war in dem Augenblick, als er mich ansah. Ohne Worte wurde mir da bewusst, dass ich genau das getan hatte, was ich vorher großspurig zurückgewiesen hatte. Ich spüre meine Armseligkeit, mein Versagen ganz stark. Und doch war in Jesu Blick nichts Verurteilendes oder Anklagendes. Er war pures Verstehen und gütige Geduld. Das hat mich bis ins Tiefste aufgewühlt und berührt. Ich konnte nur noch weinen wie ein Kind!

Du hattest doch schon wiederholt erlebt, dass Jesus Sündern verziehen hat. War das bei dir anders?

Es war der Unterschied zwischen Theorie und Praxis. Nun war ich derjenige, dem der Blick, die Zuwendung und das Erbarmen galt! Ich war ganz persönlich gemeint und zwar in einer Situation, in der ich wirklich Tadel und Verurteilung verdient hätte!

Hat dir das geholfen, dich innerlich wieder zu finden?

Das hat schon noch länger gedauert. Die Begegnung am Ostermorgen war dann das zweite Ereignis, das mir tief unter die Haut gegangen ist.

Meinst du damit die Überraschung, Jesus unter den Lebenden zu sehen?

Ja, natürlich, das auch. Aber ganz tief hat mich sein Gruß berührt: „Friede sei mit euch!" (Joh 20,19) Mir wünscht er Frieden? Ohne Anspielung oder Andeutung auf mein klägliches Versagen? So als wäre alles wieder gut? In diesem Augenblick habe ich begriffen, was es heißt, erlöst zu werden. Es wird dir Heil geschenkt, das du nie verdient hast und das du dir nie hättest erwerben können - einfach so, aus purer Güte und Freundschaft. Das hat mich innerlich verwandelt und zu einem neuen, dankbaren Menschen gemacht. Ich musste nicht aus mir gut sein und vieles auf die Beine stellen, ich durfte mich in meiner Armut von Jesus, meinem Erlöser beschenken lassen! Wie sehr würde ich allen Menschen eine solche Erfahrung wünschen, besonders denen, die unter ihrer Schuld leiden!

Es ist der Herr!

Wort der Heiligen Schrift:

Danach offenbarte sich Jesus den Jüngern noch einmal. Es war am See von Tiberias, und er offenbarte sich in folgender Weise. Simon Petrus, Thomas, genannt Didymus (Zwilling), Natanaël aus Kana in Galiläa, die Söhne des Zebedäus und zwei andere von seinen Jüngern waren zusammen. Simon Petrus sagte zu ihnen: Ich gehe fischen. Sie sagten zu ihm: Wir kommen auch mit. Sie gingen hinaus und stiegen in das Boot. Aber in dieser Nacht fingen sie nichts. Als es schon Morgen wurde, stand Jesus am Ufer. Doch die Jünger wussten nicht, dass es Jesus war. Jesus sagte zu ihnen: Meine Kinder, habt ihr nicht etwas zu essen? Sie antworteten ihm: Nein. Er aber sagte zu ihnen: Werft das Netz auf der rechten Seite des Bootes aus, und ihr werdet etwas fangen. Sie warfen das Netz aus und konnten es nicht wieder einholen, so voller Fische war es.

Da sagte der Jünger, den Jesus liebte, zu Petrus: Es ist der Herr! Als Simon Petrus hörte, dass es der Herr sei, gürtete er sich das Obergewand um, weil er nackt war, und sprang in den See. Dann kamen die anderen Jünger mit dem Boot - sie waren nämlich nicht weit vom Land entfernt, nur etwa zweihundert Ellen - und zogen das Netz mit den Fischen hinter sich her. Als sie an Land gingen, sahen sie am Boden ein Kohlenfeuer und darauf Fisch und Brot.

Jesus sagte zu ihnen: Bringt von den Fischen, die ihr gerade gefangen habt. Da ging Simon Petrus und zog das Netz an Land. Es war mit hundertdreiundfünfzig großen Fischen gefüllt, und obwohl es so viele waren, zerriss das Netz nicht.

Joh 21,1-11

Reporter: Unser heutiges Thema scheint mir besonders interessant! Ich begrüße dich, Petrus, und danke dir, dass du dir für uns Zeit genommen hast.

Petrus: Gerne bin ich für eure Fragen offen. Aber darf heute ich mit einer Frage beginnen?

Selbstverständlich!

Ich wundere mich, dass du für dieses Gespräch nicht den Jünger eingeladen hast, den Jesus liebte. Er hat doch das Wort gesprochen: „Es ist der Herr!" Warum willst du gerade mit mir darüber reden?

Natürlich reden wir ein anderes Mal auch gerne mit dem Jünger, den Jesus liebte, heute aber bist du da. Mir scheint es wichtig, auch deine Ansicht und Einstellung kennen zu lernen, denn bekanntlich warst gerade du es, der auf dieses Wort spontan reagiert hat! Kannst du uns erzählen, was du da gedacht und empfunden hast?

Wie ihr wisst, fiel dieses Wort in einer Begegnung mit Jesus nach seiner Auferstehung. Wir hatten uns mit der ganz ungewöhnlichen Lage auseinanderzusetzen, dass Jesus nun auf einmal nicht bei uns war. Wir wussten zwar inzwischen, dass er lebte, und das bereitete uns eine wirkliche Genugtuung. Und doch musste auch unser Leben weitergehen. So kehrten wir zu unseren Berufen zurück.

War das nicht eine gewisse Enttäuschung? Ihr hattet doch alles verlassen, um ihm zu folgen?

Natürlich war Enttäuschung dabei, vielleicht aber noch mehr Ratlosigkeit. Es war uns allen nicht klar, was aus unserer Berufung werden sollte. War sie nun vorbei? Oder erwartete Jesus noch etwas von uns? Wenn ja, was? Diese Fragen hatten wir alle im Hinterkopf...

Und ging euch Jesus nicht ab? Er war doch sehr lange die Mitte eures Daseins gewesen.

Du triffst genau einen wunden Punkt, der mich damals schmerzte. Ich hatte Jesus einfach lieb gewonnen, seine Art zu reden, seine Weisheit, die persönliche

Zuwendung, die er jedem schenkte, die Weise, wie er vom Vater im Himmel sprach. Ohne ihn war mein Leben langweilig und leer. Mochte er auch beim Vater leben – das war zwar wunderbar für ihn, für mich aber war es traurig – denn ich war ja allein zurück geblieben!

Und wie hast du einen Zugang zu dieser neuen Situation gefunden?

Eben durch dieses Ereignis, das heute unser Thema ist. Da geschah auf einmal in unserem gewöhnlichen Alltag etwas Ungewöhnliches. Auf den Wink eines Unbekannten hin fingen wir eine Riesenmenge von Fischen, und das zu einer Zeit, in der gewöhnlich keine Fische zu sehen sind... Das war irgendwie überraschend, auch geheimnisvoll, denn es lag so eine Atmosphäre in der Luft, die ich im Augenblick nicht deuten konnte. Aber ich hatte natürlich in diesem Moment andere Sorgen: Die Fische mussten ans Land gebracht werden, und in meinem Kopf überschlug ich schon, wie lange unsere Familien vom Verkauf würden leben können. Wir hatten ja durch das Wandern mit Jesus lange Zeit nur wenig Einkommen gehabt, da konnten wir diesen Fang gut brauchen!

Du warst also ganz mit den Anforderungen des Tages und deiner Familie beschäftigt?

So könnte man es sagen! Darum fuhr es mir wie ein Blitz durch die Glieder, als ich auf einmal das Wort hörte: „Es ist der Herr!" – Ich war sprachlos, glücklich, und zugleich enttäuscht über mich selber, dass ich es nicht selbst gemerkt hatte. Eigentlich hätte ich es ja wissen können nach all dem, was ich schon mit Jesus erlebt hatte! Schon einmal hatten wir ja durch ihn einen solchen Fang getan!

Aber dir blieb nicht viel Zeit zum Nachdenken!

Nein, das wollte ich auch nicht. Die Freude und Begeisterung rissen mich sofort mit. In einem einzigen Augenblick hatte ich die Fische und meine Familie vergessen, so groß war meine Sehnsucht, Jesus zu begegnen! Darum sprang ich sofort in den See!

Und hattest du keine Zweifel, dass ihr euch täuschen könntet?

Nein, keinen Augenblick! Mir war mit einem Mal bewusst, dass mein Mitapostel einfach das ausgesprochen hatte, was auch ich ahnte. Nur hatte ich dem keine Aufmerksamkeit geschenkt!

Und wie ging es weiter?

Es war wunderbar, wieder bei Jesus zu sein, wenn er auch irgendwie geheimnisvoll blieb. Und so ist es seit diesem Augenblick meistens: Er ist anders da als früher, irgendwie verfremdet. Wer aufmerksam ist, kann seine Gegenwart spüren, aber man kann ihn im Vordergründigen auch übersehen – und das ist ein wirkliches Unglück! Dann entgeht einem die Freude der Begegnung und außerdem fehlt dann die Erkenntnis, was er einem sagen möchte.

Aber ist es nicht sehr schwierig, unter diesen Umständen Jesus zu begegnen? Der Alltag fordert seine Rechte, und Jesus bleibt so in der Ferne, unbestimmt, eben – symbolisch gesprochen - am anderen Ufer. Wie kann man ihn da wahrnehmen?

Vielleicht hilft das, was auch ich erlebt habe: Es gibt Menschen mit einem tieferen Sinn für Gott, wie der Jünger, den Jesus liebte. Andere sind dagegen mehr praktisch ausgerichtet wie ich. Wie gut, wenn uns dann der andere immer neu an Jesu Gegenwart erinnert! Das erfordert aber gegenseitige Wertschätzung und das bewusste Hören aufeinander!

Und was hast du getan, wenn du allein warst?

Ich konnte mit der Hilfe anderer allmählich selber in der Aufmerksamkeit, der Empfänglichkeit für Gott wachsen, auf seine geheimnisvolle Gegenwart im Alltag. Ganz kleine Zeichen weisen auf ihn hin, Worte, Ereignisse, die auf einmal für einen Augenblick die Wolke wegschieben, die uns meist von ihm trennt. Solche Entdeckungen sind immer sehr stärkend und ermutigend. Aber ich brauchte auch später im meinem Leben manchmal andere, die mich auf etwas hinwiesen, was ich nicht gemerkt hatte, wie zum Beispiel Paulus in Antiochia. Aber das würde jetzt zu weit führen!

Petrus, wir danken dir für deine Offenheit und deine Bescheidenheit. Du machst uns Mut, dass auch wir uns gegenseitig stützen können, um Jesu geheimnisvolle Gegenwart in unserem Leben immer mehr zu entdecken!

Perlen wachsen nur in Wunden

Wort der Heiligen Schrift:

Jesus sprach: Simon, Simon, der Satan hat verlangt, dass er euch wie Weizen sieben darf. Ich aber habe für dich gebetet, dass dein Glaube nicht erlischt. Und wenn du dich wieder bekehrt hast, dann stärke deine Brüder.

Lk 22,31-32

Reporter: Petrus, in unseren letzten Gesprächen hast du sehr persönlich über deine Beziehung zu Jesus gesprochen, auch über die Krisen, durch die du gegangen bist. Wir haben dich kennen gelernt, und ich kann mir gut vorstellen, dass dich viele ins Herz geschlossen haben. Du bist kein Übermensch, zu dem man nur staunend aufschauen kann, sondern ein Mensch mit Fleisch und Blut wie wir.

Ja, meine Lehrzeit mit Jesus hat mich auf den Boden der Wirklichkeit zurückgeholt. Als Fischer habe ich zwar nie geglaubt, etwas Besonderes zu sein, aber Jesus hat jedenfalls alle Anwandlungen von Stolz in mir erstickt. Und die hatte ich durchaus, weil ich rasch von Begriff war und ein gutes Mundwerk hatte, wie man so sagt!

Wie ist es dir damit gegangen, dass dir Jesus vor seinem Abschied noch den Auftrag gegeben hat, deine Brüder zu stärken? Hast du dich überfordert gefühlt?

Ich habe dieses Wort Jesu zuerst fast überhört, zu groß waren die Aufregungen rund um das letzte Abendmahl, die Angst und Sorge, die in der Luft lagen. All das Neue, das damals auf mich eingestürmt ist, die Atmosphäre des Abschieds und der Trauer, die über unserer Zusammenkunft gelegen hat, all das hat meine Kräfte vollständig beansprucht!

Wann bist du dir dieses Auftrags wieder bewusst geworden?

Erst nach dem Tod und der Auferstehung Jesu.

Und hast du deine eigenen Probleme nicht als Hindernis für diesen Auftrag gesehen?

Nein, im Gegenteil! Alles, was ich selber durchgemacht habe, hat mich mit den anderen verbunden, die ähnliche Schwierigkeiten hatten. Ich konnte mich auf einmal viel besser in sie einfühlen. Und ich war nicht mehr versucht, mich über jemanden zu erheben, da ich mir meiner eigenen Schwäche und Gebrechlichkeit voll bewusst war.

Wie hast du das gemacht: andere stärken?

Ich glaube, da musste ich meist keine großen Aktionen starten. Einfach da sein, einfach bewusst weitergehen im Vertrauen auf Jesus, einfach erzählen, das und das habe ich mit ihm erlebt – das genügte!

So braucht es gar keine außergewöhnlichen Worte und Taten?

Im Gegenteil! So etwas schüchtert mehr ein, als dass es neue Hoffnung gibt! Ich habe Leute in Krisen und Zweifel besonders gerne von meinem Versagen erzählt, und davon, wie Jesus mich belehrt, aber auch aufgefangen und aufgerichtet hat. Das hat sie getröstet! Deshalb sind solche Episoden auch recht zahlreich in den Evangelien überliefert. Die Evangelisten haben ja das aufgeschrieben, was sie immer wieder gehört haben!

Und hat dieser Auftrag, die Brüder zu stärken, nur dir gegolten, oder richtet er sich auch an andere?

Ich bin sicher, dass Jesus uns alle dazu einlädt, einander zu stärken! Aber natürlich haben jene, denen andere Menschen zur Leitung anvertraut sind, noch eine besondere Verantwortung. Sie müssen wachsamer sein als die anderen, um drohende Gefahren früher erkennen zu können. Und sie sollten auch mit der Hilfe des Heiligen Geistes klarer sehen, wie man die Übel überwinden kann.

Kannst du uns dafür ein Beispiel nennen, damit wir uns unter deinen Worten etwas Konkretes vorstellen können?

Vielleicht ist dir die Stelle aus meinem ersten Brief, 5. Kapitel, bekannt: „Seid nüchtern und wachsam. Euer Widersacher, der Teufel, geht umher wie ein brüllender Löwe und sucht, wen er verschlingen kann. Leistet ihm Widerstand in der Kraft des Glaubens." (1 Petr 5,8)

Was war der Hintergrund für diese Worte?

Ich habe in meiner Predigttätigkeit oft gemerkt, dass Menschen so lange treu bei Jesus bleiben, als es keine besonderen Schwierigkeiten gibt. Kommt aber eine Heimsuchung, eine Verfolgung oder etwas, was sie verwirrt und verunsichert, dann fliehen sie in die verkehrte Richtung. Sie laufen von Jesus weg, statt zu ihm hin.

Das ist eine interessante Beobachtung!

Ja, im Grund genommen tun sie nur das, was auch ich damals getan habe, als ich Jesus verriet... Leider neigen wir Menschen dazu! Aber da konnte ich ihnen aufgrund meiner eigenen Erfahrung bezeugen, dass sie das Böse verschlingt, sobald sie vom rettenden Lager weglaufen. Das meint ja das Bild vom brüllenden Löwen. In der Wüste brüllen die Löwen rings um das Lager, um Angst zu machen. Wer im Lager ist, ist im Grunde genommen in Sicherheit, denn die Tiere fürchten das Lagerfeuer. Wer aber voll Panik in die Nacht hinausläuft, der wird eine leichte Beute für die Raubtiere!

Da braucht es schon einige Erfahrung, um das so klar zu sehen!

Ja, vielleicht hat mich Jesus gerade aufgrund meiner eigenen Lebensgeschichte zu dieser Aufgabe des Stärkens berufen. Das Wissen um Ereignisse, die man selbst erlebt hat, hat eine ganz andere Qualität als angelernte oder angelesene Einsichten.

Das spüren auch die Menschen, und das überzeugt sie. In den eigenen Wunden wachsen auf diese Art unbezahlbare Perlen. Und gerade dieses Zeugnis hat im Laufe meines Lebens vielen wieder auf die Beine geholfen. So möchte ich allen sagen: Es ist gut, wenn du viel über Jesus weißt, was du weitersagen kannst. Noch besser ist es, wenn du mit ihm lebst, sodass du fähig bist, von ihm Zeugnis abzulegen. Am allerbesten aber ist es, wenn er dich selber in Leid und Schuld aufgerichtet und erlöst hat. Diese Botschaft ist die kostbarste, und sie richtet sich an Menschen, die solchen Trost ganz besonders brauchen. So können sie aus dieser Erfahrung lernen, dass auch die Wunden ihres Lebens Perlen hervorbringen können, wenn sie von Jesus gesegnet und geheilt werden!

Liebst du mich?

Wort der Heiligen Schrift:

Als sie gegessen hatten, sagte Jesus zu Simon Petrus: Simon, Sohn des Johannes, liebst du mich mehr als diese? Er antwortete ihm: Ja, Herr, du weißt, dass ich dich liebe. Jesus sagte zu ihm: Weide meine Lämmer!

Zum zweiten Mal fragte er ihn: Simon, Sohn des Johannes, liebst du mich? Er antwortete ihm: Ja, Herr, du weißt, dass ich dich liebe. Jesus sagte zu ihm: Weide meine Schafe!

Zum dritten Mal fragte er ihn: Simon, Sohn des Johannes, liebst du mich? Da wurde Petrus traurig, weil Jesus ihn zum dritten Mal gefragt hatte: Hast du mich lieb? Er gab ihm zu Antwort: Herr, du weißt alles; du weißt, dass ich dich liebhabe. Jesus sagte zu ihm: Weide meine Schafe!

Joh 21,15-17

Reporter: Heute wollen wir mit dir, Petrus, über deine letzte persönliche Begegnung mit Jesus, dem Auferstandenen, sprechen. Das Johannesevangelium erzählt uns, dass dich Jesus dreimal nach deiner Liebe gefragt hat, und zwar in einer ausgesprochen feierlichen Weise. Was hat es damit auf sich?

Petrus: Ja, das war eine entscheidende Stunde für mein Leben, - aber du darfst mir glauben, keineswegs die leichteste! Wenn ihr heute in eurer Bibel diese Szene lest, dann wirkt diese dreimalige Frage mit denselben Worten fast etwas langweilig. Vielleicht denkt sich manch einer: Hatten sie denn nichts Wichtigeres zu besprechen?

Das scheint mir jetzt doch übertrieben, denn die Frage nach der Liebe ist im Menschenleben wohl die wichtigste Frage! Oder gibt es eine Botschaft, die du lieber hörst, als dass einer dich ins Herz geschlossen hat?

Natürlich, du hast Recht! Aber bei unserem Gespräch spielte noch etwas anderes mit. Es trug wesentlich dazu bei, dass das Ganze eine solche Dynamik bekam!

Ist es indiskret, dich zu bitten, etwas konkreter zu werden?

Na ja, wenn dich einer dreimal fragt, ob du ihn liebst, so will er entweder dieser Szene besonderen Nachdruck verleihen, oder aber er hat Zweifel an der Aufrichtigkeit deiner Antwort und möchte sich vergewissern. Das ist aber für den Gefragten nicht gerade schmeichelhaft!

Und hatte Jesus Zweifel an deiner Aufrichtigkeit?

Das war mir eben nicht klar! Ich hatte ja Jesus dreimal verleugnet. Kannst du verstehen, dass ich in den Worten Jesu einen leisen Anklang daran vermutete? Stand dieses Versagen also immer noch zwischen mir und dem Herrn? Das hat mich sehr verunsichert und traurig gemacht.

Und hat das Jesus tatsächlich so gemeint?

Offen gesagt, ich weiß es bis heute nicht ganz genau! Aber im Hintergrund ging es noch um eine andere Frage, leider kommt sie in eurer deutschen Bibelübersetzung nicht zum Tragen!

Und die wäre?

Es ging darum, wie ich Jesus liebte. Im Griechischen gibt es im Gegensatz zum Deutschen drei verschiedene Wörter für Liebe, die je eine andere Bedeutung haben. Agape ist die reine, starke Liebe, die Gabe des Heiligen Geistes ist und Anteil am Leben Gottes schenkt, Philia die herzliche menschliche Liebe und Zuneigung und Eros – wie ihr alle wisst - die sinnliche Liebe und Anziehung. Und Jesus fragte mich da plötzlich und unvermutet, ob ich ihn liebe mit der Liebe der Agape. Ich war platt! Spätestens seit meinem Versagen wusste ich, dass ich von dieser Liebe des Heiligen Geistes nicht viel in mir hatte! Was sollte ich sagen? Natürlich liebte ich Jesus von ganzen Herzen, aber mit meinem menschlichen Herzen, wie es eben war, und auch mit meinen menschlichen Grenzen! Und das antwortete ich ihm auch: Ja, Herr, ich liebe dich mit meiner menschlichen Liebe der Philia! Den zweiten Teil seiner Frage aber, ob ich ihn mehr liebte als die anderen, habe ich lieber ganz überhört. Das Vergleichen war mir gründlich vergangen!

Aber Jesus war anscheinend mit deiner Antwort nicht ganz zufrieden?

Ich weiß es nicht. Er gab mir den Auftrag, seine Schafe zu weiden, das würde dafür sprechen, dass ihn meine Antwort freute. Aber warum fragte er mich dann ein zweites Mal genau dasselbe?

Vielleicht weil ihm deine Liebe so wichtig war?

Das dachte ich mir auch. Meine menschliche Liebe aus ganzem Herzen war sicher ein guter Ausgangspunkt, aber für die Größe der Aufgabe, die er mir zudachte, nicht genug. Vielleicht wollte er mich sanft daran erinnern, dass sie noch wachsen und reifen müsse.

Und wie deutest du die dritte Frage?

Ja, da war ich auf einmal verblüfft: Jetzt sprach Jesus plötzlich nicht mehr von der Agape, sondern von der menschlichen Liebe, der Philia. Ob ich ihn so menschlich liebte? Warum fragte er mich das? Hatte er auf einmal auch da Zweifel? Ich konnte nicht anders, als ihm aus tiefstem Seelengrund zu versichern: „Herr, du weißt alles, du weißt auch, dass ich dich liebe!“

Und Jesus bestätigte noch einmal deine Sendung als Hirte, nicht wahr?

So ist es! Jetzt, nach drei Malen habe ich es wirklich als seinen Willen angenommen. Und eines dürft ihr mir glauben: Dieser Dienst an den Menschen, die nicht meine, sondern seine Schafe sind und die ich darum auch nicht an mich binden, sondern zu ihm führen sollte, hat vieles dazu beigetragen, meine Liebe zu reinigen. Oft kam ich an meine Grenzen der Geduld und Einsatzbereitschaft, und da hat mich seine Vision der Agape, der reinen Liebe, aufgerichtet. Die musste ich nicht selber produzieren! Ich konnte sie von ihm erbitten und von ihm empfangen – und so bin ich durch die Herausforderungen allmählich in sie hineingewachsen!

Hat diese Bibelstelle auch für uns heute eine Bedeutung?

Ich denke schon: Wer sich in den Dienst Jesu stellen will, muss sich zuerst fragen, ob er ihn wirklich liebt, aus ganzen Herzen menschlich liebt, wie er es eben kann. Wenn er hier aufrichtig ja sagen kann, dann kann ihn Jesus brauchen. Er wird ihn an der Hand nehmen und mehr und mehr mit seinem Geist erfüllen, bis zuletzt nicht mehr nur seine begrenzte menschliche Liebe am Werk ist, sondern der Auferstandene selbst in seinem Heiligen Geist!

Was geht das dich an?

Text der Heiligen Schrift:

Jesus sprach zu Petrus: Amen, amen, das sage ich dir: Als du noch jung warst, hast du dich selbst gegürtet und konntest gehen, wohin du wolltest. Wenn du aber alt geworden bist, wirst du deine Hände ausstrecken, und ein anderer wird dich gürten und dich führen, wohin du nicht willst. Das sagte Jesus, um anzudeuten, durch welchen Tod er Gott verherrlichen würde. Nach diesen Worten sagte er zu ihm: Folge mir nach!

Petrus wandte sich um und sah, wie der Jünger, den Jesus liebte, (diesem) folgte. Es war der Jünger, der sich bei jenem Mahl an die Brust Jesu gelehnt und ihn gefragt hatte: Herr, wer ist es, der dich verraten wird? Als Petrus diesen Jünger sah, fragte er Jesus: Herr, was wird denn mit ihm? Jesus antwortete ihm: Wenn ich will, dass er bis zu meinem Kommen bleibt, was geht das dich an? Du aber folge mir nach!

Joh 21, 18-22

Reporter: Wir grüßen dich, Petrus, zu unserem Gespräch. Heute wollen wir dir einige Fragen zum letzten Wort stellen, das Jesus in den Evangelien an dich gerichtet hat. Es ist ein hartes Wort, eine Mahnung, ja fast ein Tadel: „Was geht das dich an?"

Petrus: Ja, dieses Wort war auch für mich eine wirkliche Herausforderung. Es hat mich geärgert, mir weh getan, und es hat mich lange wie ein Dorn im Fleisch begleitet. Zugleich habe ich aber doch gespürt, dass es eine wichtige Botschaft enthielt – gerade für mich.

Was wollte Jesus damit sagen?

Ich habe allmählich verstanden, dass mich Jesus damit schützen wollte vor der allzu menschlichen Neigung, alles im Leben verstehen und erklären zu wollen. Ich hatte sie tief in mir, und anscheinend nicht nur ich. Ich erinnere mich an eine Begebenheit, wo Jesus gefragt wurde, ob viele oder wenige Menschen gerettet würden.

Das ist doch eine interessante Frage! Man möchte ja wissen, woran man ist, und sich entsprechend einstellen.

Eben das will aber Jesus nicht. Er ist auf diese Frage gar nicht eingegangen und hat nur geantwortet: „Achtet darauf, dass i h r gerettet werden, müht euch mit allen

Kräften darum". Solche Überlegungen, die keinen Bezug zum eigenen Leben haben oder sogar von der eigenen Verantwortung ablenken, sind für Jesus sinnlos, ja eine Versuchung.

Das ist aber schwer verständlich! In meiner Arbeit als Reporter muss ich mich oft mit Dingen befassen, die keinen oder wenig Bezug zu meinem Leben und zum Leben meiner Leser haben. Aber man muss doch informiert sein und sich eine eigene Meinung zu interessanten Fragen bilden!

Ja, ich habe ebenso empfunden wie du und musste die Korrektur Jesu einstecken! Ich glaube, er hat nichts dagegen, sich über wichtige Weltereignisse zu informieren, vor allem, wenn man eine gewisse Mitverantwortung hat. Aber es gibt bei vielen Menschen ein ausgeprägtes Interesse für Dinge, die ohne Belang für das eigene Dasein sind. Da pulvern sie viel Kraft und Zeit hinein, und für die eigentlich wichtigen Fragen bleibt dann nur noch wenig übrig.

Was für Dinge meinst du damit?

Nun, das lässt sich nicht allgemein beantworten. Jeder hat da seine persönliche Lesart: Das kann das Privatleben von Bekannten sein, die Fehler von Politikern oder Kirchenvertretern, die Erfolge von Film- oder Sportgrößen, ausgefallene und aufwendige Hobbys und vieles mehr!

Und was sind die wirklich wichtigen Fragen?

Nach der Meinung Jesu ist das alles, was Gelingen deines Lebens, zur Erfüllung deiner Aufgaben und zum Heil der Welt beiträgt. Was keinen Bezug dazu hat, ist für ihn Zeitverschwendung!

Da ist er aber ganz schön streng!

Natürlich darf man das nicht zu eng sehen. Freude an der Natur dient beispielsweise deiner Erholung, Information über die wichtigen Weltereignisse kann und soll deinen Lebensstil beeinflussen und gibt Themen für dein Gebet an - und so weiter. Aber die intensive Beschäftigung mit Dingen, die keinerlei Nutzen bringen und womöglich noch die Gesundheit beanspruchen, davon rät Jesus ab – schon im Interesse von dir und mir!

Wenn ich auf unser Thema zurückkommen darf: Du hast dich für das weitere Schicksal des Jüngers interessiert, den Jesus liebte. Warum war das nutzlos? Du warst mit ihm verbunden, teiltest zeitweise sein Leben, da ist dein Interesse doch begründet gewesen!

Vielleicht wollte mir Jesus klar machen, dass ich mit meiner Frage, wenn ich aufrichtig war, in einen typisch menschlichen Fehler gefallen bin: In das Vergleichen mit anderen. Solche Abwägungen fallen im Normalfall zum Schaden derer aus, die sie anstellen, da sie Unzufriedenheit und Neid wecken. Ich habe noch kaum je erlebt, dass solche Überlegungen aufbauen und Mut machen...

Wahrscheinlich hast du Recht! Aber warum sind diese Vergleiche trotzdem so verbreitet unter den Menschen? Ich kenne kaum jemanden, der das nicht tut!

Ja, in uns allen steckt eine tiefe Angst, irgendwo im Leben zu kurz zu kommen. Oft ist das noch mit einer Portion Misstrauen kombiniert, so nach dem bekannten Motto: „Alle denken nur an sich. Nur ich denke an mich..." Diese Angst macht unfrei, da sie uns auf das Vordergründige fixiert. Wir klammern uns daran und merken dann oft nicht, dass Entscheidendes auf der Strecke bleibt. Um ein klassisches Beispiel zu nennen: Wer immer alles haben muss, was auch andere haben, sucht sein Glück im Besitz, statt im Sein. Zufriedenheit, Liebe und all die Haltungen, die ein Leben erfüllt und froh machen, geraten dann sehr schnell ins Hintertreffen!

Und wie kann ein Mensch aus einer solchen Fehlhaltung herauskommen?

Beispielsweise indem er – wie Jesus damals fortfuhr – sein Hauptaugenmerk auf seine Beziehung zum Herrn richtet. Wer die Freundschaft mit ihm in den Mittelpunkt stellt, hört auf mit dem Kreisen um sich selbst, und viele andere Dinge verlieren an Bedeutung. Darum sagte Jesus auch zu mir: „Was geht das dich an? Du folge mir nach!"

Danke, Petrus, für dieses sehr aktuelle Gespräch!

Maria Magdalena

Maria Magdalena begegnet Jesus

Mir wurde im Leben nichts geschenkt!

Wort der Heiligen Schrift:

In der folgenden Zeit wanderte Jesus von Stadt zu Stadt und von Dorf zu Dorf und verkündete das Evangelium vom Reich Gottes. Die Zwölf begleiteten ihn, außerdem einige Frauen, die er von bösen Geistern und von Krankheiten geheilt hatte: Maria Magdalene, aus der sieben Dämonen ausgefahren waren, Johanna, die Frau des Chuzas, eines Beamten des Herodes, Susanna und viele andere. Sie alle unterstützten Jesus und die Jünger mit dem, was sie besaßen.

Lk 8,1-3

Reporter: Herzlich willkommen, Maria Magdalena. Danke, dass du dir heute Zeit für ein Gespräch nimmst! Übrigens - dürfen wir du sagen, passt das für dich?

Maria Magdalena: Gerne, wir sind doch in Christus alle miteinander verwandt! Auch ich grüße alle, die mich besser kennenlernen und etwas von meinem persönlichen Weg mit Jesus Christus erfahren wollen.

Apropos kennenlernen, liebe Maria Magdalena, wer bist du eigentlich? Im Neuen Testament gehörst du zu den prominentesten Frauengestalten, und doch bleiben deine Umrisse so eigentümlich verschwommen. Dein Name ist Maria, nicht wahr?

Ja, das war ein im alten Israel sehr gebräuchlicher Name, hieß doch die Schwester des Mose so. Er gefällt mir sehr gut, denn er bedeutet, wenn man den Übersetzern glaubt: „Die von Gott Geliebte!"

Das ist eine wunderbare Zusage! Aber im Übrigen wissen wir nichts von deiner Herkunft. Hast du keinen Familiennamen?

Zu meiner Lebenszeit wurden Frauen in der Regel nach ihrem Vater, oder später, wenn sie verheiratet waren, nach ihrem Mann benannt. Das ist ja auch heute meist noch so. Nur war das alles damals noch nicht so institutionalisiert. Wenn man keinen Vater mehr hatte und nicht verheiratet war, hatte man auch keinen Namen...

Und was bedeutet dann „Magdalena"?

Das heißt nur: „aus Magdala". Und Magdala war eine kleine Stadt am See von Tiberias. Ich wurde in der Bibel also mangels anderer Kriterien einfach von meiner

Abstammung her benannt. Das ist etwa so, wie wenn man heute im Bekanntenkreis sagt: „die Christl vom Gschwendnerhof" oder „der Franz aus Stuttgart".

Das ist aber nicht sehr kennzeichnend, denn sicher hat es in Magdala mehrere Frauen mit dem Namen Maria gegeben.

Ganz bestimmt! Ich glaube, wir sind nun schon bei einem sehr wichtigen Detail aus meinem Leben. Ich hatte buchstäblich keinen Menschen, zu dem ich oder der zu mir gehörte, der für mich sorgte, der sich um mich kümmerte. Bevor ich Jesus kennenlernte, war ich sehr einsam!

Da war dir aber ein schweres Schicksal auferlegt!

Ja, ich hatte hart zu tragen. Angehörige waren keine da, und ich sah mich schon in jungen Jahren ganz auf mein allein gestellt.

Und wer hat für deinen Lebensunterhalt gesorgt?

Ich musste mich selber durchbringen. Und ihr wisst, damals war es noch nicht üblich, dass Frauen einen Beruf ausübten. So musste ich jeden Tag um mein Überleben kämpfen.

Das hat dich sicher geprägt!

Ja, das hat mich geprägt, sehr selbstständig gemacht, unabhängig vom Urteil der anderen. Das kann man als positiv einordnen, die negative Folge war aber, dass ich auch hart wurde. Mir wurde nichts geschenkt, und ich lernte die Menschen und ihre ichbezogene Hartherzigkeit kennen. Schnell wusste ich, dass man im Leben nichts nachgeworfen bekommt, sondern um alles kämpfen muss.

Nun eine sehr persönliche, ja indiskrete Frage. Reporter sind ja dafür bekannt, dass sie alles genau wissen wollen. Stimmt das, dass du eine öffentliche Sünderin warst?

Nein, das kann ich mit gutem Gewissen sagen. Erst die spätere christliche Überlieferung hat mich mit der Sünderin gleichgesetzt, die Jesus die Füße gewaschen hat. Aber ihr könnt mir glauben, in meiner Seele sah es trotzdem sehr traurig aus. Freude und Hoffnung habe ich kaum gekannt und Liebe niemals erfahren. Und Gott? Er schien mir weit weg, ganz ohne Interesse für mein persönliches Schicksal! Aber ich hätte mein Leben schon gemeistert, wenn nicht noch ein Schlag dazugekommen wäre!

Und zwar?

Ich wurde krank. Das war wohl auch einer der Gründe, warum ich keinen Mann fand. Und da ich keine gute ärztliche Versorgung hatte, ging es mit mir immer mehr bergab. Schließlich war ich körperlich und seelisch am Ende. Als mich Jesus traf, merkte er sehr schnell, dass er ein menschliches Wrack vor sich hatte. Das meint der Evangelist Lukas, wenn er von sieben Dämonen spricht, die mich gefangen hielten.

Das war ja eine verzweifelte Situation. Wie hat sich diese geändert?

Eine Bekannte hat mir von Jesus erzählt. Sie war eine von den wenigen, die mir ab und zu ein gutes Wort sagten oder etwas zusteckten! Sie hatte seine Predigt gehört und gesehen, wie er Kranke heilte.

Und du hast neue Hoffnung geschöpft?

Nicht so schnell. Ich war zu verletzt und fürchtete mich vor einer neuen Enttäuschung. Erst als sie nicht nachließ, beschloss ich, mich einmal unauffällig in die Menge zu mischen, als Jesus vorbeizog.

Und dann? Was hat er mit dir gemacht?

Lasst das mein persönliches Geheimnis mit ihm sein! Nur so viel will ich sagen: Er sah mich an, und erstmalig in meinem Leben spürte ich, dass jemand mich meint und mich ganz persönlich kennt. Und er sprach nur ein Wort - da strömte neue Kraft in meinen Adern. Ich war geheilt! Jetzt noch fühle ich diesen Blick auf mir, jetzt noch höre ich diese Stimme, die ich nie mehr vergessen könnte! Ja, durch sie habe ich erfahren, was mein Name Maria sagt: „Du bist von Gott geliebt!"

Danke, Maria, für dieses bewegende Gespräch!

Die Lebenswende

Wort der Heiligen Schrift

Jesus wandte sich an (den Pharisäer) Simon und sagte: Simon, ich möchte dir etwas sagen. Er erwiderte: Sprich, Meister! (Jesus sagte:) Ein Geldverleiher hatte zwei Schuldner; der eine war ihm fünfhundert Denare schuldig, der andere fünfzig. Als sie ihre Schulden nicht bezahlen konnten, erließ er sie beiden. Wer von ihnen wird ihn nun mehr lieben? Simon antwortete: Ich nehme an, der, dem er mehr geschenkt hat. Jesus sagte zu ihm: Du hast recht.

Lk 7, 40-43

Grüß Gott, Maria Magdalena, mit Spannung haben wir dich heute zu unserem zweiten Gespräch erwartet.

Maria Magdalena: Auch ich freue mich, euch nun etwas von der Wende zu erzählen, die sich in mir vollzog, als ich zum ersten Mal Jesus von Nazareth persönlich begegnet bin. Nur wenige Menschen wissen davon. Und doch liegt hier das Geheimnis, von dem her mein ganzes Leben verstanden werden kann!

So sag uns bitte, was damals mit dir geschehen ist!

Erinnerst du dich, was ich euch beim letzten Gespräch erzählt habe? Wie ich verbittert und verhärtet war und nur wenigen Menschen etwas Gutes zutraute? Dieses ganze Denksystem wurde erschüttert, als mich Jesus heilte!

Geht das überhaupt, dass man seine Denkmuster so plötzlich ablegt?

Ich habe sie nicht plötzlich abgelegt, es ist aber ein neuer Bezugspunkt dazugekommen, der meine bisherige Erfahrungswelt relativierte und in Frage stellte. Und – du kannst mir glauben, - wenn einer gesund ist und sich in seiner Haut wohlfühlt, dann ist es auch viel leichter, die Welt in einem guten Licht zu sehen!

Das verstehe ich sehr gut!

Um das, was mit mir geschehen ist, kurz zusammenzufassen: Ein Mensch hatte sich für mich interessiert, er hatte mir persönliches Interesse und Liebe geschenkt, und das ganz selbstlos, ohne irgendeinen Vorteil davon zu haben. Das hat mich platt gemacht vor Verwunderung!

So war diese geistige Erfahrung für dich wichtiger als die körperliche Heilung?

Ja, sie war wichtiger, denn sie betraf mein Innerstes! Noch wochenlang fragte ich mich, ob es Wahrheit war oder ob ich bloß geträumt hätte... Ein Mensch war da, der mich kannte und liebte! Ich hatte das nie für möglich gehalten. Mich, die arme und kranke Frau!

Und konntest du das so einfach annehmen? Ohne Zweifel oder Angst, in eine Falle gelockt zu werden?

Du hast Recht, das wäre eigentlich zu erwarten gewesen! Es muss die Ausstrahlung dieses Jesus gewesen sein, die solche Empfindungen nicht aufkommen ließ. Ich empfand nur Freude, ein innere Leichtigkeit, neue Zuversicht und Kraft... So konnte ich mich innerlich für die Heilung öffnen. Jesus hat sie nie einem Menschen übergestülpt, sondern nur dem angeboten, der sie annehmen wollte!

Ist das der Grund, warum er oft Menschen gefragt hat, was er für sie tun solle?

Ich denke, ja.

Ist es überhaupt denkbar, dass jemand nicht gesund werden möchte?

Anscheinend schon! Die Krankheit bringt ja auch Vorteile mit sich! Und Gesundwerden hat Konsequenzen, die das ganze Leben betreffen. Die muss man bewusst auf sich nehmen, denn sie brauchen einiges an Arbeit! Außerdem gilt sicher: Wenn das Vertrauen fehlt, ist auch keine Offenheit da!

Wie hat sich dein Leben dann entwickelt?

Ich war voll tiefer Dankbarkeit, und als ihre Frucht wuchs in mir eine herzliche Gegenliebe zu Jesus. Ich wollte von nun an in seiner Nähe bleiben und war bereit, alles für ihn zu tun und alles für ihn zu geben!

Und ließ sich dieser Wunsch erfüllen?

Nur teilweise, denn es wäre für Frauen unschicklich gewesen, sich immer bei Jesus aufzuhalten. Auch war er vom Kreis seiner Apostel umgeben, und da wollte ich mich nicht aufdrängen. Aber ich tat, was mir möglich war: Ich unterstützte ihn mit dem Wenigen, was ich besaß, und ging so oft zu seinen Predigten, als es sich einrichten ließ.

Und wie ist es dann weitergegangen? Ist dieses Glück geblieben?

Natürlich ist auch bei mir irgendwann der Alltag wieder eingekehrt. Und doch bin ich ein neuer Mensch geworden, denn ich wusste, dass Gott mich kennt und mich liebt. Und ich lernte aus den Worten Jesu immer mehr, wie ich in meinem ganz gewöhnlichen Alltag die Liebe lebendig halten konnte.

Das wird jetzt interessant! Viele Menschen tun sich schwer, die Gottesliebe im Alltag konkret werden zu lassen. Wie hast du das gemacht?

Für mich war es ganz einfach: Ich musste mich nur jeden Morgen erinnern an das, was er mir geschenkt hatte, dann fiel es mir leicht, ja, es war mir sogar ein Bedürfnis, auf diese Liebe zu antworten. So wurde mein ganzes Leben Beziehung – und ihr dürft mir glauben, das ist mir nie langweilig geworden! Ich habe verstanden, was das umwerfend Neue in Jesu Reich war: Dass einer seine Pflichten nicht routinemäßig erfüllt. Ich tat nicht mehr bloß das, was ich musste, sondern antwortete auf Gottes fürsorglichen Blick, den ich stets auf mich gerichtet wusste. Und was man aus Liebe und Dankbarkeit tun kann, wird einem leicht, ja zu einer Freude!

Heißt das, dass dein Rezept für das geistliche Leben die Dankbarkeit ist?

So könnte man es ausdrücken. Aufrichtige Dankbarkeit ist nichts anderes als Liebe, die zurückgeben möchte, was sie selbst empfangen hat. Sie macht das Leben hell und froh!

Was soll deiner Meinung nach ein Mensch tun, der keine so großartige Erfahrung mit Jesus gemacht hat wie du? Kann auch er Dankbarkeit entwickeln?

Wir Menschen neigen zu Vergesslichkeit, und das gerade dort, wo alles gut geht. Ich kann mir nicht vorstellen, dass es jemanden gibt, der von Gott noch nicht beschenkt worden ist: mit dem Leben, mit Gesundheit, mit guten Mitmenschen, mit persönlichem oder beruflichem Erfolg und anderem mehr. Aber das darf man nicht als selbstverständlich ansehen! Und wer im Alltag aufmerksam ist, dem fallen noch viele kleine und große Gaben und Begegnungen ein, hinter denen Gottes Nähe erahnt werden kann.

Hast du noch ein abschließendes Wort für uns?

Ich möchte alle fragen: Wo hast du in deinem Leben schon einmal Hilfe oder Schutz erfahren, wo bist du beschenkt worden? Hat dich das verändert? Wie schön, wenn du ja sagen kannst. Und wenn nicht: Freu dich, denn diese Verwandlung kann auch heute noch beginnen!

Wunden in Perlen verwandeln

Wort der Heiligen Schrift:

Bei dem Kreuz Jesu standen seine Mutter und die Schwester seiner Mutter, Maria, die Frau des Klopas, und Maria von Magdala.

Joh 19,25

Reporter: Maria Magdalena, heute wollen wir mit dir über deinen Gang zum Kreuz sprechen. Das war sicher eines der schwersten Kapitel deines Lebens!

Maria Magdalena: Ja, die Stunden unter dem Kreuz waren eine harte Prüfung, und doch möchte ich sie heute nicht missen. Die Wunden haben sich in Perlen verwandelt...

Das ist das erste Mal in meinem Leben als Journalist, dass ich eine solche Antwort erhalte! Ich muss öfter mit Leuten sprechen, die schweres Leid erlitten haben, aber das ist immer eine sehr heikle Angelegenheit!

Auch ich habe nach diesen furchtbaren Erfahrungen erst einen Weg der Klärung durchmachen müssen. Heute aber kann ich den Tod Jesu in anderem Licht sehen.

Beginnen wir also: Wann hast du zum ersten Mal geahnt, dass das Leben Jesu ein tragisches Ende nehmen wird?

Schon lange vor seinem Leiden! Ich merkte die bösen Blicke der Verantwortlichen, ihr Tuscheln hinter seinem Rücken und machte mir Sorgen über die Unbekümmertheit Jesu. Er blieb ruhig und schien das alles gar nicht wahrzunehmen. Ja, er provozierte seine Feinde sogar durch sein Auftreten und seine Worte.

Hast du mit ihm über deine Beobachtungen gesprochen?

Natürlich habe ich ihn gewarnt, aber er wies auf den Weg hin, den er gehen musste, so konnte ich nichts ausrichten. Es war eine schwere Zeit für mich, als ich untätig zusehen musste, wie sich die Wolken immer düsterer über Jesus zusammenzogen!

In der Bibel können wir in allen vier Evangelien lesen, dass du unter dem Kreuz Jesu standest. Bekanntlich haben die Apostel und viele andere Jünger ihr Heil in der Flucht gesucht. Kam dir nie der Gedanke, dich von Jesus zurückzuziehen, als du ihn so unbeirrbar in seinen Tod laufen sahst?

Ganz aufrichtig gesagt: Nie! Nicht einen Augenblick! Er war die Mitte meines Lebens, der Wendepunkt meines ganzen Daseins. Wohin hätte ich gehen sollen? Und um es offen zu sagen: In dieser Situation kam mir zugute, dass ich in meinem Leben schon oft Außenseiterin gewesen war. Ich hatte gelernt, in Schwierigkeiten durchzuhalten und mich nicht von der Tagesmeinung ins Wanken bringen zu lassen!

Willst du damit sagen, dass dein schweres Schicksal auch sein Gutes hatte?

Genau das! Es ist so, als ob mich Gott dafür vorbereitet hätte, diesen harten Tag durchstehen zu können. Es war eine unvorstellbare Belastung für mich, zusehen zu müssen, wie mein geliebter Meister misshandelt, gequält und gekreuzigt wurde, aber mir war klar, dass mein Platz an seiner Seite war, bis zum Ende!

Du warst also Leiden gewohnt, wie du sagst. Hat sich an diesem Tag etwas für dich verändert?

Lass mich mal nachdenken... Ja, ich glaube schon! Bisher hatte ich das Schwere im Leben einfach als Schicksal angenommen und es mehr oder weniger geduldig ertragen, weil mir ja ohnehin keine andere Wahl blieb. Mein innerer Panzer war auch eine Art Selbstschutz, um die Verletzungen in Grenzen zu halten. Bei Jesus merkte ich aber eine ganz andere Einstellung.

Worin zeigte sie sich?

Darf ich eine kleine Beobachtung erzählen? Als Jesus gekreuzigt werden sollte, reichten ihm ein paar mitleidige Frauen einen Becher mit einem Betäubungstrank. Das war so eine Art leichte Narkose, um die Qualen der Hinrichtung ein wenig zu mildern. Jesus kostete, wollte aber nicht trinken.

Warum tat Jesus das?

Ich vermute, weil er sein Leiden nicht bloß irgendwie über sich ergehen lassen wollte, sondern weil er es bewusst annahm. Er verschloss sich nicht, sondern öffnete sein Herz für alles, was auf ihn zukam, und für alle Menschen aller Zeiten.

Ist das nicht eine etwas gewagte Auslegung?

Ich glaube nicht. Ich habe doch selber erlebt, wie Jesus für die Menschen, die ihn quälten, um Verzeihung bat und dem Verbrecher, der mit ihm gekreuzigt wurde, sein Reich versprach. Wer sollte da ausgeschlossen sein? Und noch etwas fiel mir auf!

Jetzt wird es spannend!

Ich hörte Jesus rufen: „Mein Gott, mein Gott, warum hast du mich verlassen!“ (Mt 27,46) Er fühlte sich also total fern von Gott, seinem Vater! Und trotzdem hörte er nicht auf zu vertrauen. So konnte er am Ende sein Leben in die Hände des Vaters hineinlegen. Ich bewunderte seinen Glauben, denn er fühlte in diesem Augenblick auch nichts von Gottes Nähe und Liebe!

Was bedeutet das für uns?

Mir wurde nach und nach klar, dass der Tod Jesu kein Untergang, sondern ein Sieg war, ein innerer Sieg über alle menschliche Enge, Kleinkariertheit und Verschlossenheit. Sein Herz wurde aufgebrochen für alle Menschen und alle Zeiten. Das zeigte dann symbolisch auch in der Öffnung seiner Seite. Leid muss also nicht verhärten und verschließen, es kann auch Barrieren überwinden und Hindernisse durchbrechen. Dann gehört es zu den kreativsten Kräften im Leben und in den Beziehungen. Das hat für Jesus gegolten, das bleibt als Einladung auch für uns: Wenn wir das, was uns Gott auflädt und was wir nicht ändern können, bewusst annehmen und an uns arbeiten lassen, wirken wir mit an der Neuerschaffung der Welt im Großen und im Kleinen. Ist das nicht eine Möglichkeit, über die sich ein Nachdenken lohnen würde?

Im Dunkeln auf das Licht warten

Wort der Heiligen Schrift:

Maria aber stand draußen vor dem Grab und weinte. Während sie weinte, beugte sie sich in die Grabkammer hinein. Da sah sie zwei Engel in weißen Gewändern sitzen, den einen dort, wo der Kopf, den anderen dort, wo die Füße des Leichnams Jesu gelegen hatten.

Die Engel sagten zu ihr: Frau, warum weinst du? Sie antwortete ihnen: Man hat meinen Herrn weggenommen, und ich weiß nicht, wohin man ihn gelegt hat.

Joh 20,11-13

Reporter: Unser heutiges Gespräch begleitet dich, Maria Magdalena, zum Grab Jesu. Es freut mich, dass wir jetzt ein froheres Thema zu besprechen haben als bei unserer letzten Zusammenkunft!

Maria Magdalena: Ja, natürlich! Die Auferstehung Jesu war auch in meinem Leben eine große Wende. Aber ich bitte dich, dass wir ganz am Anfang beginnen und nicht zu schnell in Halleluja und Osterjubel ausbrechen. Damit kann man sich nämlich den Zugang zu einer echten Ostererfahrung verstellen.

Wie meinst du das?

Wir alle suchen in unserem Leben Glück und Freude und fliehen vor Schmerz und Leid. Und das ist gut und natürlich. Aber wenn wir dem Leid zu entschlossen ausweichen, betrügen wir uns selbst um die tiefsten und wahrsten Freuden, die nur aus dem Dunkel erwachsen.

Das ist aber eine ungewöhnliche Sichtweise! Kannst du sie uns noch genauer erklären?

Mein Ostersonntag hatte zunächst gar nichts Erfreuliches an sich. Es war dunkel – die Nacht war noch nicht vom Sonnenaufgang erhellt, und mein Herz war voller Trauer und Schmerz. Ich hatte Jesus verloren, die Mitte, die Hoffnung und das Glück meines Lebens! Und mein Dasein hatte seinen Sinn verloren, denn dieser hatte seit meiner Heilung darin bestanden, ihm und seinem Werk zu dienen. Nun stand ich vor einem Trümmerhaufen!

Das war wirklich eine ganz verzweifelte Situation!

Ja, es war die dunkelste Nacht meines Lebens, noch viel finsterer als die Zeiten meiner Einsamkeit und Krankheit. Damals hatte ich ja gar nicht gewusst, wie glücklich und erfüllt man sein kann, nun aber war alles Schöne in mir zerbrochen!

Wie konntest du das alles aushalten?

Ich konnte nur noch weinen, still vor mich hinweinen. Das laute Schluchzen vom Karfreitag war verstummt, der Schmerz war nicht mehr wild und aufbegehrend, sondern abgrundtief und bohrend. Es war Nacht! Wie froh war ich, in dieser Situation wenigstens zum Grabe gehen und dort allein sein zu können!

Ja, aber war das wirklich so hilfreich? Dort machtest du doch die nächste schlimme Entdeckung!

Das wusste ich ja zunächst noch nicht, dass das Grab leer war. Aber es ist richtig: jetzt war ich komplett ratlos und schaute fassungslos umher, so als könnte ich den Leichnam doch noch irgendwo erspähen! Und seltsam, gerade in dieser verwirrten und undurchschaubaren Situation wurde ich ansprechbar, ansprechbar für die Frage, wen ich eigentlich suchte.

Konnte es da einen Zweifel geben?

Ja und nein. Ich suchte natürlich Jesus, aber noch mehr suchte ich den Sinn, das Glück und die Freude meines Lebens, ich suchte meinen Halt, meine Zukunft, ich suchte mich!

Und war das verkehrt?

Nein, es war nicht verkehrt, es war nur natürlich. Und doch war ich durch dieses Kreisen um mich eingeengt und nicht mehr offen für Begegnungen, für Neues! Das kann ich jetzt aus dem zeitlichen Abstand gut erklären, im Augenblick war natürlich alles viel verworrener!

Willst du damit sagen, dass diese Frage der Engel dich geöffnet hat für eine neue Begegnung?

Genau das! Auf einmal konnte ich mich umwenden, heraus aus meiner Perspektive, in der ich nur meinen Schmerz vor Augen hatte, und hinblicken zu etwas Neuem, Unverhofftem! So sagt es auch das Evangelium: „Sie wandte sich um und sah Jesus dastehen." (Joh 20,14)

Und wie hat dich dieses Neue erreicht?

Es hat mich erreicht in der Anrede Jesu „Maria!" In diesem Augenblick wurde mir klar, dass die Beziehung zu Jesus nicht mit ihm gestorben war, sondern weiterlebte, ja dass Jesus selbst am Leben war, wenn auch in einer neuen und für mich noch unbegreiflichen Form.

Und was hat das in dir ausgelöst? Ist nun endlich die österliche Freude angebrochen?

Nein, noch nicht so schnell. Denn ich merkte sehr bald, dass ich Jesus nicht mehr so begegnen konnte wie früher, und das war zutiefst verunsichernd. Aber ich hatte die Zusage und Verheißung empfangen, dass die Beziehung zu ihm den Tod überlebt hatte und die Verheißung einer neuen Zukunft in sich trug: Das Samenkorn von Ostern war nun da!

Und das war alles? Da hätte ich von Ostern mehr erwartet!

Im Samenkorn liegt schon das Ganze verborgen, aber es braucht seine Zeit, um zu wachsen und sich zu entfalten. Das ist für mich eine wichtige Botschaft dieses Ostermorgens: Gerade im Dunkel der Nacht, in der Tiefe des Schmerzes liegt die Verheißung von etwas Neuem. Hier wächst die Sehnsucht, sie klärt sich und wird geläutert. Schließlich wird sie so stark, dass sie vielleicht sogar die Schwelle des Ungeahnten überschreitet und eine neue Dimension erobert. Dann trägt auch die Nacht einen Schimmer des Lichtes in sich, dann kann mitten im Schmerz neues und unvergängliches Leben geboren werden.

Die zwei Bekehrungen am Ostermorgen

Wort der Heiligen Schrift:

Maria von Magdala wandte sich um und sah Jesus dastehen, wusste aber nicht, dass es Jesus war. Jesus sagte zu ihr: Frau, warum weinst du? Wen suchst du? Sie meinte, es sei der Gärtner, und sagte zu ihm: Herr, wenn du ihn weggebracht hast, sag mir, wohin du ihn gelegt hast. Dann will ich ihn holen. Jesus sagte zu ihr: Maria! Da wandte sie sich ihm zu und sagte auf Hebräisch zu ihm: Rabbuni!, das heißt: Meister. Jesus sagte zu ihr: Halte mich nicht fest; denn ich bin noch nicht zum Vater hinaufgegangen.

Joh 20, 14-17

Reporter: Wir wollen nun unser Gespräch über deine Erfahrungen am Ostermorgen fortsetzen. Danke, heilige Maria Magdalena, dass du dazu bereit bist!

Maria Magdalena: Ja, der Ostermorgen am Grab war sozusagen die zweite Schlüsselerfahrung in meinem Leben. Die erste wurde mir in der Begegnung mit Jesus während meiner Krankheit geschenkt, und ich meinte, dass mein innerer Weg damit schon an sein Ziel gekommen war. Und doch zeigte sich jetzt, dass da noch etwas fehlte!

Du hast bei unserem letzten Gespräch erzählt, wie dich die Entdeckung des leeren Grabes bereit gemacht hat für eine neue Begegnung mit Jesus. Wie ist es dir dann weiter ergangen?

Ich habe schon erzählt, wie es mich herumriss, als ich Jesu Stimme und meinen Namen hörte. Wie er ihn aussprach, so sagte ihn kein anderer. Das war nicht nur eine Folge von Buchstaben, da war wirklich mein Leben, meine ganze Person mit eingeschlossen. Und das hat mich zutiefst berührt!

Es ist wohl ähnlich, wie wenn man einen todgeglaubten Menschen plötzlich vor sich hat, so wie es manche Frauen bei der Heimkehr ihres Mannes aus der Kriegsgefangenschaft erlebt haben.

Ja, ich denke, das war so ähnlich. Man kann es noch gar nicht glauben und vor allem nicht fassen! Das war sozusagen die erste Bekehrung von der Hoffnungslosigkeit zu einem neuen Aufbruch. Sie geschah in einem Augenblick und wurde mir von Gott als Ostergabe geschenkt. Ich brauchte als meinen Beitrag nur die Bereitschaft einzubringen, meinen Schmerz loszulassen und mich auf eine neue Suche einzulassen.

Und was fehlte dann noch?

Es war erst die Hälfte des Weges. Ich glaubte zunächst, dass nun alles wieder sei vor vorher. Aber Jesus belehrte mich sehr schnell eines Besseren.

Wie tat er das?

Er rief mir zu: „Halte mich nicht fest, denn ich bin noch nicht zu meinem Vater hinaufgegangen!" (Joh 20,17)

Und wie hast du darauf reagiert?

Es war für mich eine richtige kalte Dusche. Endlich hatte ich meinen Meister wieder! Endlich konnte ich wieder seine Nähe erfahren, seine Stimme hören, seinen liebenden Blick spüren! Und nun sollte ich ihn nicht festhalten? Was hatte ich dann noch von ihm?

Das heißt, du wurdest zum zweiten Mal aus deiner Bahn geworfen?

Und wie! Ich wusste zunächst gar nicht, was er meinte. Ich begriff bloß, dass ich jetzt nicht bei ihm bleiben durfte, und das zerriss mir das Herz! Kaum hatte ich ihn gefunden, musste ich ihn schon wieder loslassen! Das war wirklich eine zweite Bekehrung, die aber viel schmerzhafter war und langsamer ging als die erste!

Zuerst spürtest du also vor allem den Verlust der bisherigen Beziehung?

Ja, und ich hatte noch keine Ahnung, wie mein Weg mit ihm weitergehen sollte. Auch darauf musste ich verzichten. Es war klug von Jesus, dass er mich mit einem Auftrag zu den Aposteln schickte, denn natürlich brannte mir die Botschaft im Herzen, dass er lebte. So empfand ich auch das Bedürfnis, diese wunderbare Neuigkeit weiterzusagen!

Aber war das alles, was du weitersagen solltest?

Ich sollte den Jüngern auch noch das Wort Jesu ausrichten: „Ich gehe hin zu meinem Vater und zu eurem Vater, zu meinem Gott und zu eurem Gott." (Joh 20,17) Ein rätselhaftes Wort! Ja, von einem Abschied war da die Rede, das war nicht zu überhören, aber sonst?

Und wie verstehst du das heute?

Die Apostel halfen mir, das Geheimnis zu lüften. Es war wie bei einem Losungswort. Mir sagte es nicht viel, aber für sie war es ein Schlüssel zum Verständnis. Sie sprachen davon, dass der Herr beim letzten Abendmahl so ähnliche Worte verwendet hatte. Da hatte er ihnen erklärt, dass er künftig in einer neuen Weise unter ihnen sein werde, dass er fortgehe, um eben durch dieses Fortgehen wiederzukommen. Ich saugte das gierig auf, verstanden aber habe ich es erst nach und nach.

Wie ist diese neue Daseinsweise des Auferstandenen zu verstehen?

Jesus ist nicht mehr sichtbar unter uns, aber er nimmt in unseren Herzen Wohnung durch seinen Heiligen Geist. Er ist uns nicht von außen, wohl aber von innen liebend nahe und durchlebt uns, wenn wir ihm Raum geben. Jesus formuliert das so: Ihr seid in mir und ich bin in euch. (Joh 15,5)

Muss man das einfach glauben, oder kann man das im Alltag auch erfahren?

Man kann es erfahren in dem Maß, als man den Mut hat, sich auf dieses neue Leben einzulassen. Es wächst langsam in uns und findet einmal in der Ewigkeit seine Vollendung.

So war diese zweite Bekehrung in Wirklichkeit ein Weg nach vorne, zu einer tieferen Beziehung, wenn ich dich recht verstanden habe?

Ja, wirklich! Das möchte ich ganz besonders allen sagen, die den Eindruck haben, plötzlich die bisherige Gottesbeziehung verloren zu haben. Das ist sicher eine Einladung zu einer neuen, tieferen und verwandelten Freundschaft. Gott nimmt uns nichts, wenn er uns nicht dafür etwas Größeres und Besseres geben möchte. Es ist wichtig, da nicht aufzugeben, keinen Rückzug zu machen, sondern voraus zu gehen, bis das Neue wächst und sich entfaltet!

„Apostolin" der Apostel

Wort der Heiligen Schrift:

Jesus sagte zu Maria: Geh zu meinen Brüdern, und sag ihnen: Ich gehe hinauf zu meinem Vater und zu eurem Vater, zu meinem Gott und zu eurem Gott.

Maria von Magdala ging zu den Jüngern und verkündete ihnen: Ich habe den Herrn gesehen. Und sie richtete aus, was er ihr gesagt hatte.

Joh 20,17-18

Reporter: Bei unserem letzten Gespräch, Maria Magdalena, hast du darauf hingewiesen, dass dich der Auferstandene mit einer Botschaft zu den Aposteln geschickt hast. Hier möchte ich einhaken. War das damals so üblich, dass Frauen als Botschafter eingesetzt wurden?

Maria Magdalena: Ich höre aus deinen Worten einen gewissen Zweifel und muss sagen: Du hast vollkommen Recht mit deinem Bedenken. Nein, das war absolut nicht üblich! Frauen galten als nicht rechtsfähig, und deshalb war ihr Zeugnis im öffentlichen Leben wertlos. Außerdem wurden für eine rechtskräftige Aussage immer zwei Zeugen verlangt.

Wie erklärst du es dir dann, dass ausgerechnet du als Frau ganz allein die Kunde von der Auferstehung zu übermitteln hattest? Das war doch keine nebensächliche Plauderei, das war ein Hammer, wenn ich so sagen darf!

Ich sehe dafür mehrere Gründe. Der eine war ganz einfach, dass ich eben als erste den Auferstandenen gesehen habe. Der Evangelist Johannes lässt das Grab Jesu durch Petrus und Johannes - eben durch zwei männliche Zeugen – besichtigen, aber er kommt nicht über die Tatsache hinweg, dass nicht Männer, sondern Frauen als erste Jesus, dem Auferstandenen, begegneten.

Wie erklärst du dir das?

Frauen sind meist mehr Beziehungsmenschen als Männer. So kann ich es verstehen, dass sie Jesus wenigstens in seinem Grab nahe sein wollten. So kamen sie als erste dorthin. Und außerdem wollten sie ja auch die am Karfreitag unterlassene Salbung nachholen.

Für Jesus war es offensichtlich kein Problem, eine Frau als seine Botin auszuschicken. Bist du stolz darauf?

Ja, ich bin froh über die große Aufwertung, die Jesus uns Frauen geschenkt hat. Für ihn zählte nicht das Geschlecht, sondern nur das Maß des Glaubens und der Liebe. Und wer da stärker war, der war ihm näher, ganz gleich, welchen Rang er sonst gehabt haben mochte.

Du wirst von den Kirchenvätern sogar als „Apostolin" der Apostel bezeichnet, weil du es warst, die den Aposteln die entscheidende Botschaft verkündete. Hättest du dir das je gedacht?

Über solche Fragen habe ich nie nachgedacht. Aber die Ehre, als erste die Botschaft von der Auferstehung überbringen zu dürfen, hat mich schon gefreut.

Du weißt, dass die Frage nach den Rechten und der Stellung der Frau heute in der Kirche die Gemüter erregt. Da ist ein richtiger Kampf um die Emanzipation entbrannt. Wie siehst du das?

Ich mische mich hier grundsätzlich nicht in die Tagespolitik ein, auch nicht in der Kirche. Aber ich möchte euch gerne sagen, was mich bei diesen Auseinandersetzungen bisweilen traurig macht.

Heißt das, dass du sie mit gemischten Gefühlen verfolgst?

Ja, genau das! Mir kommt vor, dass da oft auf allen Seiten wenig vom Geist Jesu zu spüren ist. Da gibt es ein Gerangel, um Macht und äußeren Einfluss zu erlangen oder zu verteidigen, der gerade das außer Acht lässt, was ich am Ostermorgen erfahren habe.

Und das wäre?

Die wichtigste Stellung in der Kirche hat der inne, der am meisten glaubt und am treuesten liebt, nicht der, der das Sagen hat. Und ein solcher Mensch hat auch am meisten bleibenden Einfluss, denn durch ihn strömt Gottes Heiliger Geist in die Welt ein. Und der wirkt ansteckend und belebend!

Aber davon ist doch im Alltag nicht viel zu merken!

Lieber Herr Reporter, da täuschst du dich gewaltig. Frage heute einen gläubigen Menschen, wer für ihn und seine Beziehung zu Christus am wichtigsten gewesen ist. Ich wette, er wird nicht irgendeinen kirchlichen Würdenträger nennen, sondern einen Menschen, der ihm durch sein Beispiel und seine Ausstrahlung den Glauben anziehend gemacht hat. Nicht auf das große Wort kommt es an, sondern auf das gelebte Zeugnis! Und oft wird dieser Mensch sogar eine Frau gewesen sein, etwa die Mutter oder Großmutter.

Aber das wird bei uns meist nicht gesehen und auch nicht anerkannt!

Mag sein. Aber was ist für uns Christen wichtig? Was die Menschen sagen oder was tatsächlich ist und vor Gott gilt? Jesus hat zu seiner Zeit kritisiert, dass die Menschen voneinander geehrt werden wollen, aber nicht die Ehre suchen, die von dem einen Gott kommt? Trifft das nicht auch heute oft zu?

Heißt das, dass wir in der Kirche viel Lärm um nichts machen?

So möchte ich das nicht sagen. Es ist berechtigt, sich mit der neuen Sicht der Frau in der heutigen Gesellschaft, die letztlich aus christlichen Wurzeln kommt, auch die Frage nach ihrer Berufung in der Kirche zu stellen. Aber ich bin überzeugt, dass sich erst dann eine Lösung finden lässt, die nicht Sieger und Besiegte zurücklässt, wenn sich alle Beteiligten zur richtigen Rangordnung der Werte bekehrt haben. Und außerdem: Jesus hat selbst unmissverständlich klar gestellt, wer in seinen Augen der Größte ist.

Und wer ist das?

Wer der Letzte ist und der Diener aller. Verstehst du, was ich da sagen will? Es geht um die richtigen Prioritäten. Sind die einmal klar, dann verliert das Thema um die Rechte der Frau seine emotionale Wucht. Dann erst werden alle gemeinsam auf das hinhören können, was der Geist Gottes der Kirche von heute sagen möchte. Und dann wird es möglich sein, im Frieden die Lösung zu finden, die dem Geist Jesu am besten entspricht.

Paulus von Tarsus

Der Weinbergbesitzer sucht Arbeiter für seinen Weinberg

Du bist mir ein auserwähltes Werkzeug!

Wort der Heiligen Schrift:

Als sich Paulus Damaskus näherte, geschah es, dass ihn plötzlich ein Licht vom Himmel umstrahlte. Er stürzte zu Boden und hörte, wie eine Stimme zu ihm sagte: Saul, Saul, warum verfolgst du mich? Er antwortete: Wer bist du, Herr? Dieser sagte: Ich bin Jesus, den du verfolgst. Steh auf und geh in die Stadt; dort wird dir gesagt werden, was du tun sollst. Seine Begleiter standen sprachlos da; sie hörten zwar die Stimme, sahen aber niemand.

Saulus erhob sich vom Boden. Als er aber die Augen öffnete, sah er nichts. Sie nahmen ihn bei der Hand und führten ihn nach Damaskus hinein. Und er war drei Tage blind, und er aß nicht und trank nicht.

In Damaskus lebte ein Jünger namens Hananias. Zu ihm sagte der Herr in einer Vision: Hananias! Er antwortete: Hier bin ich, Herr. Der Herr sagte zu ihm: Steh auf und geh zur sogenannten Geraden Straße, und frag im Haus des Judas nach einem Mann namens Saulus aus Tarsus. Er betet gerade und hat in einer Vision gesehen, wie ein Mann namens Hananias hereinkommt und ihm die Hände auflegt, damit er wieder sieht. Hananias antwortete: Herr, ich habe von vielen gehört, wie viel Böses dieser Mann deinen Heiligen in Jerusalem angetan hat. Auch hier hat er Vollmacht von den Hohenpriestern, alle zu verhaften, die deinen Namen anrufen. Der Herr aber sprach zu ihm: Geh nur! Denn dieser Mann ist mein auserwähltes Werkzeug: Er soll meinen Namen vor Völker und Könige und die Söhne Israels tragen. Ich werde ihm auch zeigen, wie viel er für meinen Namen leiden muss.

Da ging Hananias hin und trat in das Haus ein; er legte Saulus die Hände auf und sagte: Bruder Saul, der Herr hat mich gesandt, Jesus, der dir auf dem Weg hierher erschienen ist; du sollst wieder sehen und mit dem Heiligen Geist erfüllt werden.

Sofort fiel es wie Schuppen von seinen Augen, und er sah wieder; er stand auf und ließ sich taufen.

Apg 9,1-18

Reporter: Lieber heiliger Paulus, wir danken dir, dass du dich für unsere Fragen zur Verfügung stellst! Bei Gott und den Heiligen ist es üblich, dass man sie duzt. Darf ich das auch bei unserem Gespräch tun?

Paulus: Selbstverständlich, dieses Duwort drückt doch aus, dass wir alle miteinander verwandt sind – in Christus. Und so freue ich mich ganz besonders, meinen Brüdern und Schwestern etwas von meinem Leben weitergeben zu dürfen!

Du hast im Gegensatz zu den anderen Aposteln Jesus nicht persönlich gekannt. Wie kommst du dann dazu, für einen Unbekannten dein Leben einzusetzen? Was gibt er dir dafür? Geld, Karriere, persönliches Ansehen?

Ja, es stimmt, ich habe den irdischen Jesus nicht persönlich gekannt. Aber es hat ihm gefallen, sich mir zu offenbaren – damals vor den Toren von Damaskus. Da habe ich ihn in einem Augenblick kennen gelernt. Ich habe nicht nur gemerkt, dass es ihn gibt und dass er lebt, sondern dass er mich kennt und meint, dass er mich, wirklich mich anspricht: „Saulus, Saulus, warum verfolgst du mich?“ (Apg 9,4) Am Anfang stand keine Idee, auch kein Ideal, kein abstraktes Ziel, sondern eine Person. Und diese Person interessierte sich für mich, Saulus, den Christenverfolger! Sie trat mir auf dem Weg entgegen, um mir zu begegnen und mir buchstäblich die Augen für seine neue Wirklichkeit zu öffnen.

Du sprichst da von dir unter dem Namen Saulus, wir aber kennen dich als Paulus. Wie kam es zu dieser Namensänderung?

Ich bin von Geburt auf Jude, aus dem Stamm Benjamin, und habe von meinen Eltern einen jüdischen Namen bekommen: Saulus, in Erinnerung an den ersten König Israels. Aber gleichzeitig war ich römischer Bürger, eine Auszeichnung, die ich auch von meinen Eltern geerbt habe. So hatte ich auch einen römisch-griechischen Namen, und der war Paulus. Wer aufmerksam die Apostelgeschichte liest, merkt, dass ich mich als Paulus vorstellte, wenn ich vor allem zu Heiden sprach, als Saulus aber, wenn ich unter meinen Volksgenossen war. Allerdings wurde das im Laufe meines Lebens immer seltener, da sie mir meine Bekehrung zu Christus nie verziehen haben!

Möchtest du uns noch etwas über deine Begegnung mit Christus sagen? Kam sie ganz überraschend für dich?

Ja, alles andere hätte ich eher erwartet als das. Wie ich erschrocken bin! Ich stürzte vom Pferd, ich habe mich gar nicht mehr ausgekannt, sah nicht mehr klar. In der Apostelgeschichte steht, dass ich blind wurde. Aufregend war für mich nicht nur, dass dieser Jesus, den ich tot glaubte, wirklich lebte und der Herr war, sondern fast mehr noch, dass er mich ansprach. Er hat sich mir, dem Sünder, geoffenbart. „Er hat mich geliebt und sich für mich hingegeben“ (Gal 2,20). So habe ich meine überraschende neue Erfahrung formuliert. Besonders hat mich erschüttert, dass er mir zu verstehen gab, ich sei für ihn ein auserwähltes Werkzeug. Ich hätte doch viel eher Vorwürfe oder Strafe erwartet, nicht so einen Vertrauensvorschuss!

Wie hat diese unerwartete Behandlung auf dich gewirkt?

Für mich war das wie eine Initialzündung. Da ist in mir eine Liebe wach geworden, für die ich einfach danke sagen wollte. Und so konnte ich mich nicht mehr halten: Mit meinem ungestümen Temperament bin ich gleich losgestürmt, nicht mehr gegen Christus, sondern für ihn!

Hat es da in deinem Kopf nicht so eine Art „Knopf" gegeben. Wir Menschen können uns doch nicht so plötzlich umstellen?

Die Umstellung war für mich leicht und schwer zugleich! Leicht, weil ich auch als Verfolger immer den Willen Gottes gesucht hatte, nur hatte ich andere Vorstellungen von ihm! Und schwer, weil es tatsächlich einige Zeit gebraucht hat, bis ich mir den neuen Geist des Evangeliums zu Eigen machen konnte.

Dazu eine vielleicht indiskrete Frage: Was war da besonders schwierig für dich?

Ihr wisst ja, alle, dass ich von Natur aus ein Hitzkopf bin. So wollte ich nun ebenso kämpferisch gegen die Christenverfolger vorgehen, wie ich es vorher gegen die Christen getan hatte. Heute muss ich rückblickend lächeln, wenn ich daran denke, wie ich der jungen Kirche dadurch manche Probleme bereitet habe. Stellt euch vor: Sie mussten mich bei meinem ersten Besuch in Jerusalem nach meiner Bekehrung fast gewaltsam nach Tarsus befördern, weil ich durch meine Streitgespräche ständig neuen Konfliktstoff bot! Ja, das war für mich ein weiter Weg, die Geduld und Langmut Jesu zu lernen!

Wenn du an deine Berufung denkst, was möchtest du uns dann weitergeben?

Ich möchte jedem von euch sagen: Denk auch du an deine Berufung! Weißt du überhaupt, dass du – jeder und jede Einzelne – ob jung oder alt, ob verheiratet oder unverheiratet, eine besondere Berufung hast? Jeden Einzelnen von euch hat Christus angesprochen, jedem von euch schenkt es sein Vertrauen und seine Hilfe – wie mir. Wahrscheinlich hat er Helfer benutzt, um dich zu Christus zu führen: eure Eltern, Lehrer, Priester oder Freunde... Im Letzten aber ist er es, der dich ruft und der dich sendet. Vergiss darum nicht, dass Christus zu dir sagt: Auch du bist mir ein auserwähltes Werkzeug - du ganz persönlich mit deiner Eigenart, deinen Möglichkeiten und deinen Grenzen - um durch dein Beten und Tun meinen Namen zu den Menschen des 21. Jahrhunderts zu tragen!

Allen bin ich alles geworden

Wort der Heiligen Schrift:

Ich habe mich für alle zum Sklaven gemacht, um möglichst viele zu gewinnen.

Den Juden bin ich ein Jude geworden, um Juden zu gewinnen; denen, die unter dem Gesetz stehen, bin ich, obgleich ich nicht unter dem Gesetz stehe, einer unter dem Gesetz geworden, um die zu gewinnen, die unter dem Gesetz stehen. Den Gesetzlosen war ich sozusagen ein Gesetzloser - nicht als ein Gesetzloser vor Gott, sondern gebunden an das Gesetz Christi -, um die Gesetzlosen zu gewinnen. Den Schwachen wurde ich ein Schwacher, um die Schwachen zu gewinnen. Allen bin ich alles geworden, um auf jeden Fall einige zu retten.

Alles aber tue ich um des Evangeliums willen, um an seiner Verheißung teilzuhaben.

1 Kor 19-23

Reporter: Paulus, danke, dass du dich ein zweites Mal unseren Fragen stellst. Wenn wir eine neue Aufgabe übernehmen, müssen wir uns über unsere Grundsätze klar werden. So fragen wir dich: Was war dir wichtig? Wie ist es dir gelungen, so viele Menschen anzusprechen?

Paulus: Ich habe letztes Mal von meiner Berufung erzählt. Ich war ganz fern von Christus, ja sein Feind. Und doch ist er mir entgegengekommen, ist mir begegnet und hat mir seine Freundschaft und die Einladung zur Gemeinschaft mit ihm geschenkt. Darüber habe ich mein Leben lang gestaunt. Und es war mir klar: Ich möchte den Menschen das weitergeben, was mir selbst widerfahren ist.

Und wie hast du das gemacht?

Zunächst habe ich keinen ausgelassen und keinen aufgegeben. Wenn ich kein hoffnungsloser Fall war, wer sollte dann einer sein? So habe ich das Evangelium allen angeboten, Juden, Heiden, sogar dem Gefängniswärter in Philippi und dem König Agrippa. In jeder Fügung des Lebens habe ich eine Einladung Gottes gesehen, der stets auch auf krummen Zeilen gerade schreiben kann – wie bei mir. Und oft habe ich erfahren, dass Gottes Geist tatsächlich am Werk ist und die Herzen der Menschen anrührt.

Hast du denn keinerlei schlechte Erfahrungen gemacht mit Menschen, die abweisend oder sogar feindlich sind? Heutzutage kommt das oft vor...

Doch, auch früher war es nicht anders. Ich habe das Evangelium allen angeboten, aber keinem aufgezwungen. Das ist ein Grundsatz, an den sich auch Gott hält. Er hat uns Menschen die Freiheit geschenkt und wartet auf eine wirklich freie Antwort, nur sie hat vor ihm Wert. Dass die Verkündigung des Evangeliums manchmal sogar gefährlich sein kann, habe ich sicher öfters erfahren als die meisten Menschen. Man braucht nur nachzulesen, was ich im zweiten Korintherbrief, Kapitel elf, alles aufgezählt habe!

Wie war es dir nur möglich, so verschiedenartige Menschen anzusprechen: Juden, Griechen, Sklaven, Freie, Könige usw.? Hast du deine Botschaft jeweils an deine Hörerschaft angepasst?

Diese Frage kommt mir sehr wichtig vor, aber sie ist auch missverständlich. Ja, ich habe meine Botschaft meiner Hörerschaft angepasst und versucht, jeden dort abzuholen, wo er ansprechbar war. Einen Juden interessierte die Frage nach dem Messias, einen Griechen überhaupt nicht. Ein Sklave lechzte nach Freiheit, ein König hatte ganz andere Sorgen. So wurde ich tatsächlich den Juden ein Jude, den Heiden ein Heide, den Schwachen ein Schwacher, eben allen alles. Aber hier möchte ich zugleich ganz ernst darauf hinweisen, dass das nicht heißen darf, einen Teil der Verkündigung zu unterschlagen! Jeder, der in der Verkündigung tätig ist, kennt folgende Versuchung: Ich erzähle einem Menschen von Jesus und merke, wie er langsam warm wird. Ich spüre aber, dass er in bestimmten Bereichen Vorbehalte hat. Soll ich ihn darauf ansprechen oder nicht... Das Herz zittert vor Angst, er könnte sich jetzt verschließen! Aber ich darf ihm nicht die halbe Wahrheit vorenthalten, ich muss ihm natürlich Zeit lassen, ich muss auch darauf Rücksicht nehmen, wann ein günstiger Augenblick gekommen ist, aber irgendwann einmal muss ich ihm die ganze Wahrheit servieren – auch auf die Gefahr hin, dass er sich dann abwendet. Hat es nicht Jesus, mein Vorbild, genauso gemacht? „Wollt auch ihr gehen?“ (Joh 6,67) fragte er sogar seine Apostel.

Was gibt dir die Kraft zu solchem Mut?

Ich glaube, dass sich an diesem kritischen Punkt sehr schnell zeigt, worauf jeder seine Hoffnung setzt: Rechne ich mit meinem Geschick, mit meinen überzeugenden Worten, und suche ich Erfolg zu meiner Selbstbestätigung? Oder glaube ich, dass Erfolg allein von Gott kommt und das Werk seines Geistes ist, der weht, wo er will? Dieses Vertrauen gab mir die nötige Gelassenheit, auch unter widrigen Umständen durchzuhalten – und sie hat mein Herz gleichzeitig von eigensüchtigen Regungen gereinigt.

Hat sich diese Verkündigungstaktik, allen alles zu werden, also bei dir stets bewährt?

Ja, sie hat sich bewährt, aber sie hat mich auch Erfahrungen machen lassen, die zu den schmerzlichsten meines Lebens gehören: Nicht alle meine Mitarbeiter und nicht alle Gemeindemitglieder konnten bei dieser einfühlsamen Flexibilität mithalten. Immer wieder stieß ich auf solche, die entweder das jüdische Gesetz allen aufdrängen wollten oder mit großer Ängstlichkeit darüber wachten, jeden Rest des Heidentums auszuscheiden, zum Beispiel durch das Verbot, Götzenopferfleisch zu essen. Und so gab es Spaltungen, Polarisierungen und Streitigkeiten, die die Gemeinden belasteten und das Zeugnis der Einheit zerstörten. Ich weiß, dass es dieses Problem auch heute noch gibt, nur geht es da um andere Dinge und Fragen.

Was würdest du uns in diesem Fall empfehlen?

Mir kommt vor, dass Enge und Ängstlichkeit der Größe Gottes und seiner „Buntheit“ nicht gerecht werden. Er ist der Herr, er ist stärker als alle irdischen Mächte und Gewalten, und er ist in der ganzen Schöpfung am Werk, nicht nur dort, wo es in unsere kleine Vorstellungswelt hineinpasst. Wer sich ihm anvertraut und an ihn hält, der bekommt im Laufe seines geistlichen Reifens immer mehr Anteil an seiner Unterscheidungsgabe und seiner geistigen Weite.

Aber es ist doch oft sehr schwierig, in der Kirche einen gemeinsamen Kurs zu finden, wenn die Meinungen so auseinandergehen...

Das war es immer! Die einzige Lösung heißt hier geduldiges gemeinsames Suchen und Beten. Sonst entsteht ein unguter Machtkampf, in dem es gar nicht mehr um die Wahrheit geht, sondern nur noch darum, wer sich mit größerer Härte durchsetzt. Und das entspricht dem Geist Jesu ganz und gar nicht!

Möchtest du uns noch ein abschließendes Wort mitgeben?

Vertraut auf den Geist Gottes, den Geist der Wahrheit und der Einheit, und achtet darauf, dass ihr in allen Verwicklungen auf ihn hin offen bleibt, sowohl, was den Inhalt der Wahrheit betrifft, als auch die Art und Weise, sie zu vertreten! Dann wird er euch sicher gute Wege führen, auch heute!

Durch viele Drangsale müssen wir in das Reich Gottes gelangen

Wort der Heiligen Schrift:

In Lystra war ein Mann, der von Geburt an gelähmt war; er saß ohne Kraft in den Füßen da und hatte nie gehen können. Er hörte der Predigt des Paulus zu. Dieser blickte ihm fest ins Auge; und da er sah, dass der Mann darauf vertraute, gerettet zu werden, rief er laut: Steh auf! Stell dich aufrecht auf deine Füße! Da sprang der Mann auf und ging umher. Als die Menge sah, was Paulus getan hatte, fing sie an zu schreien und rief auf lykaonisch: Die Götter sind in Menschengestalt zu uns herabgestiegen. Und sie nannten den Barnabas Zeus, den Paulus aber Hermes, weil er der Wortführer war.

Der Priester des «Zeus vor der Stadt» brachte Stiere und Kränze an die Tore und wollte zusammen mit der Volksmenge ein Opfer darbringen. Als die Apostel Barnabas und Paulus davon hörten, zerrissen sie ihre Kleider, sprangen unter das Volk und riefen: Männer, was tut ihr? Auch wir sind nur Menschen, von gleicher Art wie ihr; wir bringen euch das Evangelium, damit ihr euch von diesen nichtigen Götzen zu dem lebendigen Gott bekehrt, der den Himmel, die Erde und das Meer geschaffen hat und alles, was dazugehört. Er ließ in den vergangenen Zeiten alle Völker ihre Wege gehen. Und doch hat er sich nicht unbezeugt gelassen: Er tat Gutes, gab euch vom Himmel her Regen und fruchtbare Zeiten; mit Nahrung und mit Freude erfüllte er euer Herz. Doch selbst mit diesen Worten konnten sie die Volksmenge kaum davon abbringen, ihnen zu opfern.

Von Antiochia und Ikonion aber kamen Juden und überredeten die Volksmenge. Und sie steinigten den Paulus und schleiften ihn zur Stadt hinaus, in der Meinung, er sei tot. Als aber die Jünger ihn umringten, stand er auf und ging in die Stadt. Am anderen Tag zog er mit Barnabas nach Derbe weiter.

Als sie dieser Stadt das Evangelium verkündet und viele Jünger gewonnen hatten, kehrten sie nach Lystra, Ikonion und Antiochia zurück. Sie sprachen den Jüngern Mut zu und ermahnten sie, treu am Glauben festzuhalten; sie sagten: Durch viele Drangsale müssen wir in das Reich Gottes gelangen.

Apg 14,8-22

Reporter: Paulus, wir begrüßen wir dich zu Beginn unseres Gesprächs. Heute wollen wir uns über deine Erfolge in der Missionsarbeit unterhalten. Wenn wir die Apostelgeschichte hören, so steigen vielen von uns geheime Gedanken des Neides im Herzen auf. Zu deiner Zeit scheinen die Menschen zu Hunderten, wenn nicht gar zu Tausenden gläubig geworden zu sein.

Paulus: Das stimmt – und stimmt doch nicht. Habt ihr überhört, wie oft in den Lesungen von Misserfolgen die Rede ist? Wir wurden verleumdet, hinausgeworfen, bedroht, geschlagen, gesteinigt, gegeißelt, eingesperrt, verurteilt und mit dem Tode bedroht. Ich möchte wetten – ohne eingebildet zu sein – dass es wohl keinen unter euch gibt, der in seinem Dienst für den Glauben so viel an Widerwärtigkeiten zu erdulden hatte.

Wenn du das so sagst, ist mir klar, dass du Recht hast. Das macht mich jetzt aber doch nachdenklich. Woher kommt das wohl, dass wir die Lesungen so einseitig aufnehmen?

Vielleicht deswegen, weil sie in der Osterzeit vorgesehen sind und zu dieser Zeit alle Hörer auf Sieg, Leben und Freude eingestellt sind. Und das ist auch nicht falsch. Aber so überhört man leicht die andere Seite. Man könnte die Apostelgeschichte nicht nur als die Siegesgeschichte des jungen Christentums, sondern auch als die Leidensgeschichte der jungen Kirche lesen. Schaut nur einmal nach und stellt euch vor, euch würde das alles passieren...

Aber ist es nicht so, dass der Akzent der Apostelgeschichte viel mehr auf Freude und Leben als auf Verfolgung und Leiden liegt?

Ja, das ist so, und das führt uns ganz direkt zum Grundgesetz des Christentums hin: Wir machen es bei der Feier jeder heiligen Messe gegenwärtig: Es ist das Paschageheimnis. Es ist das Geheimnis des Lebens Jesu, es ist das Geheimnis unserer Erlösung und das Grundgeheimnis jeden christlichen Lebens. Es gibt ein Lied in eurem Gotteslob, das es so ausdrückt: „Geheimnis des Glaubens – im Tod ist das Leben!"

Was heißt das für unseren Alltag?

Es bedeutet, dass alles Große, jeder Fortschritt, jeder wirkliche „Erfolg“ unter Schmerzen geboren wird. Nicht umsonst stoßen wir in der Heiligen Schrift immer wieder auf das Bild der Wehen. Und es ist nicht nur so, dass Kreuz und Auferstehung zusammengehören, sondern es gibt keinen Weg zur Auferstehung ohne das Dunkel des Kreuzes.

Darf ich ein Beispiel aus meinem Leben erzählen? Silas und ich hatten gerade erlebt, dass uns die Menschenmengen in Lystra ein Opfer darbringen wollten, weil sie uns für Götter hielten. Bei unserer nächsten Predigt war die ganze Stadt vor dem Haustore versammelt: Ein großen Erfolg schien vor der Tür zu stehen. Da kamen Juden und hetzten die Menschen auf. Ich wurde gesteinigt und als tot vor die Stadt hinausgeschleppt. Und das war kein Spiel, das war blutige Wirklichkeit! Und doch wusste ich, als ich wieder zu mir kam: Das war das Geheimnis des Kreuzes, ein großer „Erfolg“ steht uns bevor: So zogen wir uns nicht wie geschlagene Hunde mit eingezogenem Schwanz zurück, sondern wanderten weiter in die nächste Stadt Derbe, um dort das Evangelium zu verkünden. Und eine große Menschenmenge wurde gläubig...

Bei unserer Rückkehr nach Lystra versuchten wir den Menschen den Blick für diese Wirklichkeit zu öffnen, indem wir ihnen unsere Erlebnisse erzählten und hinzufügten: „Durch viele Drangsale müssen wir in das Reich Gottes gelangen!“ (Apg 14,22)

Das ist sehr beeindruckend! Aber kann man das so verallgemeinern? Willst du uns damit die Freude nehmen an jedem Erfolg, an jedem unbeschwerten Glück?

Ganz sicher nicht! Es ist ja auch nicht so, dass Freude und Leid immer so unmittelbar nebeneinander liegen müssen wie in dem von mir erzählten Beispiel. Und wer kann sagen, ob sich hinter einer unbeschwerten Freude nicht manche Stunde des Leides verbirgt, die ihr erst zum Durchbruch verholfen hat? Eines ist jedenfalls klar: Die neue Schöpfung Gottes, in der Liebe und Versöhnung herrschen, kann in unserer Welt mit ihren ganz anderen Gesetzen nicht ohne den Preis von Kreuz und Verfolgung erstehen. Nur im Kreuz wächst die Liebe zu einer solchen Größe heran, dass sie schließlich alle Widerstände besiegt und überwindet!

Paulus, möchtest du uns noch zum Abschluss ein Wort mitgeben?

Ich möchte jeden von euch einladen: Achte auf den Zusammenhang von Leiden und Leben - bei mir und auch bei dir selbst! Werde sensibel für dieses Grundgesetz unseres Glaubens, das uns zu frohen und mutigen Menschen machen möchte, und das gerade dann, wenn nicht alles glatt geht!

Ich ströme über von Freude

Wort der Heiligen Schrift:
Ich habe großes Vertrauen zu euch; ich bin sehr stolz auf euch. Trotz all unserer Not bin ich von Trost erfüllt und ströme über von Freude.
2 Kor 7,4

***Reporter:* Paulus, bei unserem letzten Gespräch ging es um Leiden und Kreuzesnachfolge. Du wirst verstehen, dass wir uns heute einem fröhlicheren Thema zuwenden wollen. Wie wäre es mit der Freude?**

Paulus: Gerne! Auch mir ist die Freude ein willkommenes Thema. Sie war es, die Schwung und Kraft in mein Leben gebracht hat.

Wir Menschen des 21. Jahrhunderts sind zumindest in Mitteleuropa oft so leer, so arm an Freude. Wir haben viele Gelegenheiten zu Vergnügen und Spaß, doch echte Freude findet sich nur selten. Was war die Quelle deiner Freude?

Im Johannesevangelium können wir lesen, dass Liebe und Freude zusammengehören: „Bleibt in meiner Liebe... dass meine Freude in euch sei, und eure Freude vollkommen ist." (Joh 15,9.11) Liebe und Freude sind sozusagen Zwillingsschwestern, wie auch Augustinus gesagt hat: „Wer liebt, der freut sich!"

Heißt das, dass wir uns vor allem um ein Wachstum in der Liebe bemühen müssen, um zur echten Freude zu gelangen?

Genau so ist es. Aber aufgepasst! So einfach geht das nicht: Wer nur deshalb Liebe übt, um zur Freude zu gelangen, wird sie nicht finden. Echte innere Freude ist ein scheuer Vogel: Wer nach ihr greift, dem fliegt sie davon.

Das ist aber frustrierend. Warum das?

Weil die Freude nur die Begleiterin der selbstlosen Liebe ist. Sie wird dem geschenkt, der nicht auf sich schaut, sondern auf den Mitmenschen und auf Gott. Sie ist Frucht der Liebe, letztlich Frucht des Heiligen Geistes, wie ich in meinem Brief an die Galater geschrieben habe. Und je intensiver die Liebe und die Hingabe sind, desto intensiver ist auch die Freude. So vertragen sich Freude und sattes Spießbürgerleben nicht miteinander. Das ist wohl auch der Grund, warum die heutige „Spaßgesellschaft" so arm an Freude ist. Ist euch schon aufgefallen, dass ich in meinen Briefen vor allem dann von der Freude geschrieben habe, wenn es mir nicht gut ging?

Tatsächlich? Das ist für Menschen unserer Zeit schwer zu verstehen!

Es ist eines der Paradoxe, der scheinbaren Widersprüche des Christentums, die aber in Wirklichkeit tiefste Wahrheit sind. Schon das Wort aus dem zweiten Korintherbrief, das am Kopf dieses Gespräches steht, stammt aus einer Zeit, in der es viele Schwierigkeiten gab. Und der Brief, in dem ich am häufigsten von der Freude sprach, der Philipperbrief, entstand gar im Gefängnis, in einer Situation, in der es auf Leben und Tod ging. Als Zusammenfassung meiner damaligen Lage mag ein Vers genügen: „Wenn auch mein Leben dargebracht wird zusammen mit dem Opfer und Gottesdienst eures Glaubens, freue ich mich dennoch, und ich freue mich mit euch allen." (Phil 2,17)

Wie kommt es dann, dass du so kühn bist, die Christen zu einer dauernden Freude aufzurufen? Das steht doch in einem deiner Briefe?

Ja, auch das habe ich den Philippern geschrieben: „Freut euch im Herrn zu jeder Zeit. Noch einmal sage ich euch: Freut euch!" (Phil 4,4) Bei diesem Satz ist jedes Wort wichtig! Wenn ich zur immerwährenden Freude einlade, so eben nicht deswegen, weil immer alles leicht ist, sondern weil der Grund der Freude in der inneren Haltung liegt. Und zwar in der liebenden Verbundenheit mit Christus. Seine Nähe macht froh – Genau das soll der Ausdruck besagen: Freut euch **im** Herrn!

Was würdest du uns also raten, wenn wir frohere Menschen werden wollen?

Ich möchte euch sagen: Baut euch eine persönliche, tiefe Beziehung zu Christus auf, sucht seine Nähe, lasst euch von seiner Liebe erfüllen und tragt diese Liebe zu den Menschen rund um euch. Wenn ihr in diesem Bemühen treu und selbstlos seid, wird tiefe Freude in euren Herzen wachsen, ohne dass ihr recht wisst woher. Ein Kennzeichen dieser Liebe wird es sein, dass sie unverwüstlich ist, also auch im Leiden nicht von euch weicht, selbst wenn ihr das Kreuz sehr schmerzlich zu spüren bekommt. Sie ist Widerhall des Heiligen Geistes, dem ihr Raum gebt, und macht euren Glauben anziehend und ansteckend. Ihr werdet sehen: Die Menschen werden dann von selbst zu euch kommen, um euer Geheimnis kennen zu lernen und an ihm teilzuhaben.

Wer sich rühmen will, der rühme sich des Herrn

Wort der Heiligen Schrift:

Seht doch auf eure Berufung, Brüder! Da sind nicht viele Weise im irdischen Sinn, nicht viele Mächtige, nicht viele Vornehme, sondern das Törichte in der Welt hat Gott erwählt, um die Weisen zuschanden zu machen, und das Schwache in der Welt hat Gott erwählt, um das Starke zuschanden zu machen.

Und das Niedrige in der Welt und das Verachtete hat Gott erwählt: das, was nichts ist, um das, was etwas ist, zu vernichten, damit kein Mensch sich rühmen kann vor Gott.

Von ihm her seid ihr in Christus Jesus, den Gott für uns zur Weisheit gemacht hat, zur Gerechtigkeit, Heiligung und Erlösung.

Wer sich also rühmen will, der rühme sich des Herrn; so heißt es schon in der Schrift.

1 Kor 26-31

Reporter: Paulus, jetzt kennen wir dich schon ein wenig. Und ich muss offen sagen, dass ich nicht nur deine Arbeit, sondern auch deine Einstellung, deine Gottesliebe, deine Ausdauer, kurzum alles an dir bewundere.

Paulus: Das freut und ehrt mich, und ich gebe meinen Dank an Gott weiter, der mich ohne mein Verdienst so überreich beschenkt hat! Ich bin auch froh, dass du mich nicht wegen meiner jüdischen Abstammung oder meiner Gesetzestreue lobst, was meinen jüdischen Brüdern so wichtig war, sondern wegen echter Gnaden, die der Herr mir geschenkt hat.

Was du unter den schwierigen Verhältnissen deiner Zeit aufgebaut hast, versetzt uns heute noch in Staunen. Und dabei hat es an Schwierigkeiten nicht gefehlt, du hast darüber schon gesprochen. Wir dagegen werden schnell mutlos, wenn wir Misserfolge ernten. So sehr sind wir auf Leistung und Erfolg getrimmt – im beruflichen, persönlichen und sogar oft im geistlichen Leben.

Hängt das nicht sehr davon ab, was euch im Leben wichtig ist? Ich kreiste bei meiner Arbeit nicht um Erfolg oder Misserfolg, sondern um die Erfüllung meiner Sendung, die mir Christus anvertraut hatte. Ihn wollte ich erkennen, ihm dienen, und ihn wusste ich an meiner Seite. So konnte ich auch bei Misserfolgen im Frieden bleiben. Und wenn etwas gelang, wusste ich, wem der Erfolg zuzuschreiben war...

Ist das nicht sehr schwer, den Erfolg seiner Bemühungen einzig Gott zuzuschreiben, wenn man doch weiß, wie viel einen die Arbeit gekostet hat?

Das ist nur am Anfang so. Da ist unser Bewusstsein noch stark geprägt von der Erinnerung an unseren eigenen Einsatz. Auch wenn einer vor Beginn der Arbeit gebetet hat, so erfährt er sich bei der Arbeit trotzdem als der eigentlich Handelnde, von dessen Tun alles abhängt. Und dass Gott dabei ist, kann er nur glauben (und vielleicht dann und wann bei überraschenden Wendungen erahnen). Ich kann mir gut vorstellen, dass es in solchen Situationen irgendwie unbefriedigend und vielleicht sogar ein wenig unaufrichtig ist, wenn man am Schluss behaupten soll, dass aller Erfolg nur Gott zu verdanken ist....

Und wie ist das später? Muss man da nichts mehr tun?

O doch! Aber das Tun wird anders. Die Verbundenheit mit Gott wächst und bleibt nicht auf das Gebet am Anfang und am Ende beschränkt. Mehr und mehr ist das ganze Tun ein

Miteinander von Gott und Mensch: Er führt, er regt an, und der Mensch lässt sich als Werkzeug gebrauchen.

„Gebrauchen". Das klingt sehr passiv. So, als müsste man da bloß alle Viere von sich strecken und Gott machen lassen...

So ist das nicht gemeint! Dieses Ineinander von Gott und Mensch, von seiner Kraft und menschlicher Bemühung, seiner Eingebung und menschlichem Suchen gehört zu den größten Geheimnissen des geistlichen Lebens. Ich als Mensch bin dabei völlig aktiv, ich setze alle meine Zeit, meine Kräfte, meinen Leib und meine Seele, mein Wissen und Können ein, und doch bin ich nicht allein tätig, sondern in mir wohnt und wirkt der Heilige Geist, der mich beseelt, führt und belebt. Alles, was ich tue, ist zugleich ganz mein Werk, es trägt meine individuellen Züge, und doch hätte ich es allein nicht wirken können, wenn nicht Gott mir zuvorgekommen, mich begleitet und mein Tun zum Ziel geführt hätte.

Das ist schwer zu begreifen!

Man kann es nicht begreifen mit dem Kopf. Das habe ich einfach in meinem Leben erfahren. Ständig, wenn ich unterwegs war, blieb mein inneres Ohr geöffnet und auf Gott hin gerichtet. Und beim Aufbieten aller Kräfte ließ ich mich zugleich von Gott an die Hand nehmen und durchdringen. Horchend, wartend, bittend und dankend war ich zugleich aktiv und passiv und spürte sehr genau, dass nicht ich es bin, der den Erfolg herbeiführt. Da kommt dann das Wort: Gott ist es, der das Wollen und das Vollbringen schenkt (Phil 2,13), wirklich von Herzen. Es ist Ausdruck der Dankbarkeit und Liebe.

Wie kann einer das lernen?

Es ist letztlich sehr einfach. Es ist die Verwirklichung des Wortes, das der Apostel Johannes geschrieben hat: Christus ist der Weinstock, wir sind die Rebzweige. Wenn wir in ihm bleiben und er in uns, dann bringen wir reiche Frucht. Wie alles Leben ist auch diese Haltung dem Wachstum unterworfen. Es braucht das geduldige Einüben und das geduldige Warten, bis Gott selber die Saat aufgehen lässt.

Dürfen wir dich, heiliger Paulus, auch um deine ganz besondere Fürbitte bitten? Da geht es doch um etwas Zentrales, nicht nur für unseren Glauben, sondern für unser ganzes Leben!

Sehr gerne!

Aber ist diese Haltung, die alle Erfolge an Gott weitergibt, nicht demütigend für den Menschen? Da gibt es doch letztlich keine Großen mehr, keine Helden, zu denen man aufblicken kann?

Ist das schlimm? Ist das nicht die Wahrheit, die spätestens beim Letzten Gericht offenbar werden wird? Groß wird dann Gott allein sein, aber die Menschen werden von ihm Ehre und Dank empfangen in dem Maß, in dem sie sich seinem Wirken geöffnet haben. Und auch in dem Maß, in dem sie zum Mittun bereit waren. Hier gibt es durchaus einen Spielraum, für den jeder Einzelne von uns Verantwortung trägt!

Willst du damit sagen, dass sich unsere Größe vor Gott eben nach dieser inneren Offenheit und Bereitschaft bemisst?

Ja, nach dieser Offenheit und dem Mut, sich auf Gott einzulassen. Das ist die Gesinnung, die die Heilige Schrift Glaube nennt.

Hast du noch ein abschließendes Wort für uns?

Ich möchte noch etwas verraten, was ein ganz besonderes Geschenk dieser Haltung ist: Als Glaubender brauche ich kein Tausendsassa mehr zu sein, der alles zustande bringt, sondern ich kann und darf zu meiner Schwachheit stehen. Gott hat mich als kleinen, begrenzten Menschen geschaffen, aber mit ihm vereint bin ich stark, stärker als alle Herausforderungen des Lebens. Seine Gnade genügt, und sie erweist ihre Kraft besonders gerne in der Schwachheit, damit der Ruhm nicht mehr mir, sondern einzig und allein i h m gebührt!

Meine Gnade genügt dir!

Wort der Heiligen Schrift:

Damit ich mich wegen der einzigartigen Offenbarungen nicht überhebe, wurde mir ein Stachel ins Fleisch gestoßen: ein Bote Satans, der mich mit Fäusten schlagen soll, damit ich mich nicht überhebe. Dreimal habe ich den Herrn angefleht, dass dieser Bote Satans von mir ablasse. Er aber antwortete mir: Meine Gnade genügt dir; denn sie erweist ihre Kraft in der Schwachheit. Viel lieber also will ich mich meiner Schwachheit rühmen, damit die Kraft Christi auf mich herabkommt.

Deswegen bejahe ich meine Ohnmacht, alle Misshandlungen und Nöte, Verfolgungen und Ängste, die ich für Christus ertrage; denn wenn ich schwach bin, dann bin ich stark.

2 Kor 12,7-10

Reporter: Paulus, heute führen wir bereits unser sechstes Gespräch. Hast du ein Anliegen, das dir besonders am Herzen liegt?

Paulus: Mir gehen unsere letzten Gespräche immer noch nach. Da wurden wichtige Themen angeschnitten, die meiner Meinung nach noch längst nicht ausgeschöpft sind. Das Verbot, sich zu rühmen, hat zum Beispiel auch noch eine Kehrseite, eine äußerst ermutigende Kehrseite, und die möchte ich euch nicht vorenthalten. Ich konnte letztes Mal nur kurz darauf anspielen...

Meinst du damit den Hinweis, dass wir selber keine Tausendsassas sein müssen?

Ja, den meine ich. In der schwierigen Situation der Gegenwart brauchen viele Menschen vor allem Ermutigung, um nicht in das allgemeine Jammern über die Welt, die immer schlechter wird, einzustimmen...

Wie sollen wir die vielen schlechten Nachrichten in den Medien anders aufnehmen?

Ich möchte euch ein wenig aus meinem Leben erzählen. Ich war ein sehr aktiver Mensch und voll Begeisterung für Christus. Am liebsten wäre ich bis an die Enden der Erde gereist, um ihn überall zu verkünden. Und ich habe oft die Führung und Hilfe Christi erfahren: Kranke wurden plötzlich geheilt, der Geist Gottes kam auf Menschen herab und verwandelte sie in einem Augenblick, ja einmal durfte ich durch mein Gebet sogar einen Toten wieder lebendig machen. Das könnt ihr alles in der Apostelgeschichte nachlesen. Und doch gab es da etwas Ärgerliches, das mir sehr zu schaffen machte: Anderen konnte ich helfen, bei mir selber aber gab es eine Grenze, über die ich einfach nicht hinwegkam!

Das ist aber sehr interessant. Wie bist du damit umgegangen?

Ich bitte euch, dass ihr mir erlaubt, hier diskret zu bleiben. Ich mag Seelenstriptease nicht und habe nicht einmal meinen Zeitgenossen Details über meine persönlichen Probleme erzählt. Aber eines dürft ihr mir glauben: Es war eine Schwäche, die mir nicht nur sehr peinlich war, sondern die auch mein Leben mit Gott belastete und – last not least – auch für meinen apostolischen Einsatz eine unglaubliche Herausforderung war. Ich konnte mir nie sicher sein, das geplante Werk zu „schaffen", immer musste ich fürchten, dass mir meine Schwäche einen Strich durch die Rechnung machen könnte.

Hast du Gott nicht um Heilung gebeten? Er hat doch die Macht dazu!

Und wie! Immer wieder habe ich gebetet und gebetet, aber in diesem Punkt anscheinend ohne jeden Erfolg. Bis mich Gott einmal in einer Gnadenstunde erkennen ließ: Er erhörte meine Gebete absichtlich nicht!

Und warum das?

Damit ich mich nicht auf mich verlasse, sondern allein auf ihn. Er sagte mir: „Meine Gnade genügt dir, denn sie erweist ihre Kraft in der Schwachheit." Das heißt im Klartext: Dort wo ich tüchtig und tapfer war, dort war Paulus am Werk, dort aber, wo ich elend und schwach war, dort war Christus am Werk, denn in diesem Punkt war auf Paulus nicht der geringste Verlass! Und mit etwas Phantasie könnt ihr euch den Unterscheid im Ergebnis ausmalen! Die einzige Voraussetzung dafür war, dass ich Gott meine Schwachheit anvertraute und ihn bat, alles zu ergänzen, was mir fehlte.

Doch hast du nicht ohnehin immer Gott um seinen Segen für deine Arbeit gebeten?

Selbstverständlich. Doch nie so tief betroffen, so innig und so existentiell wie in meiner beschämenden Krankheit! Wir Menschen sind doch alle so: Solange wir glauben, selber alles zu schaffen, so lange vertrauen wir nicht wirklich auf Gott, sondern wir wollen selber machen. So muss er uns manchmal buchstäblich alle Karten aus der Hand nehmen, um den

Schatz seiner Liebe und Hilfe an den Mann (oder die Frau) zu bringen! Für mich war das eine umstürzende Erfahrung: Das, was meine Pläne durchkreuzte und gefährdete, war plötzlich kein lästiges Hindernis mehr, sondern Fügung und Gnade. Es machte mich nicht ärmer, sondern reicher, weil es mich zu einer engeren Verbundenheit mit Gott führte... In diesem Staunen habe ich dann ausgerufen: „Wenn ich schwach bin, dann bin ich stark!"

Ist das nicht eine Umwertung aller Werte?

Ja, und gerade diese Umwertung macht uns unüberwindlich. Wenn einer das begriffen hat, dann gehören Verzagtheit und Entmutigung der Vergangenheit an. Denn nun ist nichts mehr unmöglich für ihn. Einer der Heiligen, die das besonders gut verstanden haben, ist Bernhard von Clairvaux. Er formuliert diese Erkenntnis so: Gott zeigt uns seine Allmacht am deutlichsten darin, dass er alle, die ihm vertrauen, allmächtig macht.

Von dieser Allmacht sehen wir in unserer Zeit aber nicht viel! Es gibt zahllose gute Initiativen, doch der Erfolg ist oft sehr gering!

Erfolg ist keiner der Namen Gottes, sagt ein weiser Schriftsteller. Gott kann am Werk sein, auch wenn anscheinend nichts vorwärts geht. So war es ja auch bei Jesus, unserem Herrn. Augenscheinlich ist er während seines irdischen Lebens gescheitert. Erst nach seiner Auferstehung wurde die Kraft seines Wortes, seines Lebens und seines Todes offenbar. Und wir bekennen im Glauben, dass wir bis heute davon leben...

Wie können wir zu einer solchen Haltung gelangen?

Ich möchte jedem sagen: Du machst immer wieder die schmerzliche Erfahrung deiner Schwächen und Grenzen, im Glauben und im Handeln. Lass dich nicht entmutigen, sie sind Einfallstore der Gnade! Sag dir das vor, was ich damals von Christus erfahren habe: „Meine Gnade genügt dir!" Öffne dich vertrauensvoll für Gott und tue dann die kleinen Schritte, die in deiner Macht stehen: Er wird daraus Unglaubliches entstehen lassen – auch im 21. Jahrhundert!

Rechtfertigung – was ist das?

Wort der Heiligen Schrift:

Gerecht gemacht aus Glauben, haben wir Frieden mit Gott durch Jesus Christus, unseren Herrn. Durch ihn haben wir auch den Zugang zu der Gnade erhalten, in der wir stehen, und rühmen uns unserer Hoffnung auf die Herrlichkeit Gottes. Mehr noch, wir rühmen uns ebenso unserer Bedrängnis; denn wir wissen: Bedrängnis bewirkt Geduld, Geduld aber Bewährung, Bewährung Hoffnung. Die Hoffnung aber lässt nicht zugrunde gehen; denn die Liebe Gottes ist ausgegossen in unsere Herzen durch den Heiligen Geist, der uns gegeben ist.

Röm 5,1-5

Reporter: Wir begrüßen dich, Paulus, zu unserem Gespräch. Unser heutiges Thema betrifft einen wichtigen Punkt deiner Theologie, aber es klingt sehr schwierig. Kannst du uns eine kleine Einführung geben?

Paulus: Ja, die Frage, wie ein Mensch vor Gott gerecht wird, hat mir buchstäblich unter den Nägeln gebrannt. Es war eine der zentralen Fragen meines Lebens.

Heutige Menschen tun sich schwer, das nachzuvollziehen. Dein Thema klingt so theoretisch, so abgehoben. Was ist daran so aufwühlend?

Darf ich euch aus meinem eigenen Leben erzählen? Vielleicht könnt ihr dann mein Anliegen besser verstehen.

Sehr gerne!

Von Jugend an wollte ich durch mein Leben Gott gefallen, ich wollte vor ihm gut dastehen und durch meine treue Gesetzeseinhaltung das Kommen des Messias beschleunigen. All meine Lehrer brachten mir bei, dass diese Treue für unser Leben als Juden zentral ist.

Das klingt sehr edel – und das kann ich nachvollziehen. Ist es nicht für uns Christen ebenso? Auch heutige gläubige Familien versuchen das ihren Kindern zu vermitteln! Ist das nicht recht?

Wie soll ich sagen? Natürlich ist viel Wahres dran, aber der zentrale Punkt des christlichen Glaubens kommt trotzdem bei dieser Ansicht zu kurz.

Wieso das?

Weil der Mensch dann sein eigener Heiland und Erlöser ist. Er muss sich bemühen, er muss leisten, sich anstrengen, sein Bestes geben, und wenn er Glück hat, ist Gott am Ende mit ihm zufrieden. Ein Erlöser, der für ihn stirbt und vom Tode auferstand, ist für ihn eigentlich überflüssig.

Aber will Gott denn nicht, dass sich der Mensch bemüht, dass er sich ganz einsetzt und alle seine Kräfte mobilisiert?

Natürlich will er das! Aber der Mensch ist aus eigener Kraft dazu nicht imstande. Er wird im Leben mit Gott irgendwann einmal an einen Punkt kommen, an dem er aufgeben muss, an dem er sieht, dass er überfordert ist und sich nicht selber aus den Sumpf ziehen kann. Vielleicht merkt er das nicht, solange er im äußeren Tun aufgeht. Da scheint es möglicherweise lange Zeit zu klappen. Wenn er aber anspruchsvoller wird und sein Augenmerk mehr auf die innere Haltung richtet, dann kommt er schneller an seine Grenzen...

Was meinst du damit?

Nimm zum Beispiel das erste und wichtigste Gebot das Alten und des Neuen Testaments: „Höre, Israel, Jahwe, unser Gott, ist einzig. Darum sollst du den Herrn, deinen Gott, lieben mit ganzem Herzen, mit ganzer Seele und mit ganzer Kraft." (Dtn 6,4f.) Achte darauf: „mit ganzem Herzen, mit ganzer Seele und mit ganzer Kraft"! Ist dir klar, wie anspruchsvoll dieses einfache Gebot ist? Welcher Mensch ist dazu imstande?

Nimmt das Gott wirklich so wörtlich? Dann bleiben wir Menschen ja immer hinter seinen Anforderungen zurück!

So ist es! Und diese Erkenntnis ist eine der wichtigsten Einsichten im ganzen geistlichen Leben. Aber gewisse Menschen erkennen es nicht, zum Beispiel manche Pharisäer aus der Zeit Jesu – und vielleicht auch heute noch. Sie glauben, durch äußere Gesetzesbefolgung vor Gott gerecht zu sein. Und es liegt mir fern, sie darin zu verurteilen! Ich war ja selbst einer von ihnen!

Ah, hatte Jesus deswegen immer wieder Probleme mit ihnen?

Natürlich! Da prallten zwei ganz verschiedene Weltsichten aneinander!

Das wird jetzt richtig spannend! Ich hatte noch nie so klar gesehen, dass es bei den Konflikten Jesu nicht bloß um menschliche Probleme ging, sondern um grundlegende Unterschiede in der religiösen Auffassung! Habe ich dich richtig verstanden: Um die Erlösung empfangen zu können, ist es als allererstes wichtig, dass wir unsere Bedürftigkeit einsehen und annehmen?

Genauso ist es. Wenn ein Mensch dann zu Jesus kommt und sich ihm anvertraut, dann kann Gott sein Heilswerk mit ihm beginnen!

Und wie geht das dann?

Der grundlegende Schritt hinein in die Gemeinschaft mit Christus ist die Taufe. Da schließt er mit jedem Menschen einen ganz persönlichen Bund und nimmt ihn in die

Lebensgemeinschaft mit sich auf. Ich habe es im Brief an die Römer so formuliert: Wir wachsen durch die Taufe mit ihm zusammen, er wird in uns eingepfropft wie ein Reis beim Veredeln eines Baumes. Dieser bringt dann nicht mehr seine natürlichen Früchte, sondern die Früchte des Edelreises. So wird aus dem Getauften durch diese glaubende Gemeinschaft mit Christus der neue, erlöste Mensch.

Ist das mit der Rechtfertigung im Glauben gemeint?

Ja. Dabei ist es mir wichtig, dass das Wort „Rechtfertigung" richtig verstanden wird. In der Umgangssprache meinen wir damit oft, dass sich jemand selbst verteidigt, also rechtfertigt. Ich aber nehme den Begriff viel tiefer: Gerechtfertigt heißt bei mir ein Mensch nur dann, wenn er tatsächlich neu, gerecht macht wurde durch Christus.

Dann müssten ja alle getauften Christen Heilige sein? Und wir alle kennen viele, die hinter diesem Anspruch weit zurückbleiben – und wohl wir selber auch!

Bei der Taufe wird uns das neue Leben wie ein Keim ins Herz gepflanzt. Es liegt an uns, ihm Raum zu geben, es zu pflegen und ihm mehr und mehr zur Entfaltung zu verhelfen. Das dauert ein ganzes Leben lang. – Da ist dann tatsächlich auch unser Tun gefragt, dass wir Gott Raum geben und mit seinem Willen mitwirken. Aus eigener Erfahrung kann ich sagen, dass das eine überaus spannende Aufgabe, und gleichzeitig schon der Anfang des ewigen Lebens ist, wo Gott alles und in allem sein wird!

Einer trage des anderen Last, so erfüllt ihr Christi Gesetz

Wort der Heiligen Schrift:

Wenn einer sich zu einer Verfehlung hinreißen lässt, meine Brüder, so sollt ihr, die ihr vom Geist erfüllt seid, ihn im Geist der Sanftmut wieder auf den rechten Weg bringen. Doch gib acht, dass du nicht selbst in Versuchung gerätst.

Einer trage des anderen Last; so werdet ihr das Gesetz Christi erfüllen.

Wer sich einbildet, etwas zu sein, obwohl er nichts ist, der betrügt sich. Jeder prüfe sein eigenes Tun. Dann wird er sich nur im Blick auf sich selbst rühmen können, nicht aber im Vergleich mit anderen. Denn jeder wird seine eigene Bürde zu tragen haben.

Gal 6,1-5

Reporter: Paulus, wir kennen dich als Meister tiefsinniger und prägnanter Formulierungen. Auch heute haben wir als Thema so einen kernigen Satz, der kaum eine Zeile füllt und doch das Ganze des christlichen Gesetzes zum Ausdruck bringen soll! Wir sind schon gespannt, wie du ihn uns erläutern wirst!

Paulus: Auch ich begrüße alle Hörer! Ich freue mich über jeden, der tiefer erkennen will, worauf es im Leben als Christ im Grunde genommen ankommt!

Ist diese Formulierung: „worauf es im Leben als Christ ankommt", die moderne, zeitnahe Übersetzung von „Christi Gesetz"?

So könnte man durchaus sagen! Für uns Juden war das Gesetz etwas sehr Wichtiges...

Ich vermute, dass die meisten Zeitgenossen heute beim Wort „Gesetz" eher unangenehme Assoziationen bekommen. Es riecht für uns sehr nach Entfremdung, Zwang und Strafe!

Für die Menschen rund um mich dagegen war es ein Geschenk Gottes, die große Gabe, die der Herr seinem Volk gewährt hatte, um es zu einem edlen, gelehrten und lebensklugen Volk zu machen!

Willst du damit sagen, dass ein Gesetz auch einen positiven, lebensfördernden Wert haben kann?

Ja, genau das! So sind wir auch schon bei unserem heutigen Thema. Es ist für einen Christen von zentraler Bedeutung, so klar und einfach wie nur möglich ausdrücken zu können, worauf es im Christentum ankommt!

Wir wissen alle schon von Kindheit an, dass Nächstenliebe im Christentum wichtig ist. Schon im Religionsunterricht wurde uns eingeschärft, freundlich, hilfsbereit und geduldig zu sein. Aber ist deine Formulierung nicht ein wenig ausgefallen, oder sogar ein bisschen übertrieben? Wo kämen wir da hin, wenn wirklich einer des anderen Last trüge?

Ins Himmelreich!

Wir Menschen tun uns schon schwer genug, die eigene Last zu tragen. Dass wir uns auch noch mit der Last anderer beladen sollen, erscheint wie eine Zumutung. Und tut man da dem anderen überhaupt etwas Gutes, wenn man ihm seine Last ab - oder noch zusätzlich zu der seinen auf sich nimmt?

Ich sehe, dass ich meinen kurzen Merksatz doch etwas genauer erklären muss: Wir stimmen wohl darin überein, dass jeder Mensch sein Päckchen oder – christlich formuliert – sein Kreuz zu tragen hat. Und wir wissen aus Lebenserfahrung, dass die Lasten da sehr unterschiedlich verteilt sein können. Manche trifft mehr, andere weniger, die einen haben besonders in der Jugend zu tragen, andere in der Lebensmitte, wieder andere im Alter.

Ja, natürlich! Aber was hat das mit unserem Thema zu tun?

Mit meiner Aufforderung: „Einer trage des anderen Last“, wollte ich zum Ausdruck bringen, dass Gott die Lasten, die er Einzelpersonen, Familien oder Ländern auferlegt, immer als Aufgabe an alle sieht. Wie wir alle miteinander in Christus verbunden sind, so haben wir nicht nur unsere Gaben, sondern auch unsere Lasten miteinander und füreinander empfangen. Oft sind Einzelne mit ihrer Last völlig überfordert. Da wartet Gott, dass andere Anteil nehmen, helfen und mittragen!

So klingt das schon viel verständlicher!

Ich möchte aber auch klar sagen, dass mein Merksatz falsch verstanden werden kann. Um solchen Missverständnissen vorzubeugen, betone ich: Es ist Voraussetzung für ein gutes gemeinsames Tragen der Lasten, dass jeder ohne Ausnahme seinen Teil auf sich nimmt. Es wäre unfair, sich unter Berufung auf mich aus der Eigenverantwortung davonzustehlen! Ebenso muss klar sein, dass sich jeder bemüht, nicht unnötig anderen zur Last zu fallen. Was er allein gut bewältigen kann, darf nicht anderen aufgebürdet werden! Und als letztes möchte ich niemanden dazu ermutigen, alle Lasten, die er in seinem Umfeld wahrnimmt, sich selber aufzuladen, und sei es auch nur in Gedanken. Wie leicht kann ein Mensch dann unter dem Übermaß zusammenbrechen!

Und was heißt dein Satz dann positiv?

Er will sagen, und das möchte ich zweimal unterstreichen: Entwickelt Achtsamkeit und Aufmerksamkeit, wo Menschen leiden, und lasst sie nicht allein! Schaut, was ihr für sie tun könnt – und sei es auch nur ein mitfühlendes Wort, eine kleine Hilfeleistung, Zuhören oder Mitgehen auf einem schweren Weg. Vielleicht ist es auch nur ein wenig Geduld und Verständnis für jemanden, der einen schwierigen Charakter oder eine verletzungsreiche Lebensgeschichte hinter sich hat. Sicher kann jeder bestätigen, wie unbezahlbar solche unscheinbare Dienste sind! Oft helfen sie mit, dass einer durchhalten und an seinem Leid wachsen und reifen kann.

Ja, das leuchtet ein!

Wir können gar nicht erfinderisch genug sein in den Möglichkeiten, einander tragen zu helfen! Vorbild dafür ist Jesus, unser Herr, der unsere Lasten und unsere Sünden auf sich genommen hat, damit wir leben! Er hat uns damit nicht unser Lebenskreuz abgenommen, wohl aber geht er mit und ist jedem von uns nahe. Es gibt wohl kaum ein Leiden, das nicht auch er in irgendeiner Weise getragen hat – mit uns und für uns!

Nun aber noch eine letzte Frage: Wenn wir an das christliche Leben denken, so fallen vielen von uns Gebet, Gottesdienst und Sakramente ein. Das ist doch alles wichtig für unseren Glauben. Ist deine Maxime nicht etwas einseitig? Etwas zu flach und horizontal formuliert? Verengt sie nicht das Christentum auf bloße Mitmenschlichkeit?

Ich bin froh über diese Frage! Ich glaube, die Antwort findet sich nicht in der Theorie, sondern in der Praxis. Lebt einmal aufmerksam und mitfühlend, packt an, wo ihr jemandem helfen könnt, auch dort, wo es weh tut und eure Bequemlichkeit oder Feigheit herausfordert. Spätestens dann werdet ihr merken, dass ihr dieses Gesetz nur erfüllen könnt, wenn ihr in lebendiger Gemeinschaft mit Christus lebt – der selbst eure Kraftquelle und der Ursprung der Liebe ist, die ihr weitergebt. Wer nur aus eigenen Reserven schöpft, wird schnell nicht mehr weiterkönnen!

Meinst du damit dieses Phänomen, das wir heute gerne mit Burnout bezeichnen?

Ja! Gebet, Gottesdienst und Sakramente weisen über sich hinaus, sie sind Brücken zu Gott, der die Liebe und der Ursprung jeder wahren Liebe und Mitmenschlichkeit ist. In ihm finden wir nicht nur einen treuen Freund, sondern auch Vorbild, Halt und Stütze zu jeder selbstlosen Tat!

Die christliche Freiheit

Wort der Heiligen Schrift:

Zur Freiheit hat uns Christus befreit. Bleibt daher fest und lasst euch nicht von neuem das Joch der Knechtschaft auflegen! Wenn ihr durch das Gesetz gerecht werden wollt, dann habt ihr mit Christus nichts mehr zu tun; ihr seid aus der Gnade herausgefallen.

Wir aber erwarten die erhoffte Gerechtigkeit kraft des Geistes und aufgrund des Glaubens. Denn in Christus Jesus kommt es nicht darauf an, beschnitten oder unbeschnitten zu sein, sondern darauf, den Glauben zu haben, der in der Liebe wirksam ist.

Gal 5, 1.4-5

Reporter: Heiliger Paulus, herzlich willkommen zu unserem Gespräch. Heute haben wir ein besonders interessantes Thema. Freiheit – danach sehnen sich viele Menschen, junge und alte. War das zu deiner Zeit auch schon so?

Paulus: Ja, Freiheit ist schon immer ein begehrtes Gut gewesen. Da zu meiner Zeit etwa die Hälfte der Menschen Sklaven waren, hatte diese Frage eine hohe Brisanz. Allerdings ging es mir in meinen Ausführungen zur Freiheit weniger um Sozialrevolten und äußere Befreiungsaktionen, sondern vielmehr um die innere Freiheit.

Aber macht es denn Sinn, über die innere Freiheit zu philosophieren, wenn Millionen Menschen unter äußerer Unfreiheit zu leiden haben? Müsste man nicht zuerst aktiv werden, um ihnen zu helfen?

Zuerst braucht es eine Vision, ein Ziel, einen Wert, der Menschen begeistert, sodass sie ihn verwirklichen wollen. Wenn das fehlt, bringen Revolten nur wieder neue Unfreiheiten. Das hat man im Lauf der Geschichte oft genug gesehen!

Und was ist deine Vision, mit der du die Menschen gewinnen möchtest?

Ich persönlich habe meine Bekehrung zu Jesus Christus als eine große Befreiung erlebt. Vorher als Jude war ich mir nicht einmal bewusst, wie unfrei ich gelebt habe. Denn ich habe das Gesetz des Mose gerne und mit Freude erfüllt. Und was man gerne tut, das belastet einen nicht. So merkte ich nicht einmal, in wie vielen äußeren Zwängen und peniblen kleinen Vorschriften ich eingespannt war: Hunderte von Verboten und Geboten gaben bis ins Kleinste an, wie man zu handeln hatte, um Gott zu gefallen! Erst als Christ wurde ich auf den Unterschied aufmerksam.

Das klingt für unsere Ohren nun doch ein wenig seltsam! Man macht heute dem Christentum genau diesen Vorwurf, dass es die Menschen einschränkt und gängelt. Dass es eben genau keine Religion der Freiheit, sondern der Bevormundung ist!

Das hängt ganz davon ab, was man unter Freiheit versteht. Ich meine mit diesem Begriff nicht Bindungslosigkeit oder Beliebigkeit, sondern Kreativität!

Kreativität? Wieso das?

Jesus hat das ganze komplizierte System von Vorschriften gebündelt und auf eine neue Grundlage gestellt. Vor ihm geht es nicht mehr zuerst um äußere Pflichterfüllung, sondern um die innere Gesinnung, aus der das Handeln entspringt. Und das Einzige, was vor ihm zählt, ist die Liebe zu Gott und den Mitmenschen. Nicht umsonst habe ich in meinem ersten Brief an die Korinther betont, dass sogar Heldentaten nichts zählen, wenn die Liebe fehlt!

Was hat denn diese Liebe mit Kreativität zu tun?

Es gibt nichts, was Menschen so beweglich und erfinderisch macht wie die Liebe, davon können alle Liebenden ein Lied singen! Sie eröffnet einen weiten Raum der Möglichkeiten, sie inspiriert, gibt Kraft und Freude am Gestalten!

Aber warum empfinden dann so viele Christen ihre Religion als beengend?

Das kann natürlich viele Ursachen haben. Es gab Zeiten, in denen man auch im Christentum glaubte, die Freiheit der Liebe durch eine Unzahl von Geboten einschränken zu müssen. Man nahm an, dass bei äußerer Pflichterfüllung die rechte innere Haltung schon nachkommen würde. Das aber ist sehr oft ins Auge gegangen und hat statt Liebe Aggression geweckt!

Es ist interessant, dass die Menschen der westlichen Welt zu keiner Zeit mehr über die strengen Gebote des Christentums geklagt haben als heute. Dabei sind doch durch die Neuorientierung der Theologie nach dem zweiten Vatikanischen Konzil tatsächlich viele Vorschriften weggefallen!

Es gab auch noch keine Zeit, in der so viele Menschen die Möglichkeit hatten, ihr Leben frei nach ihren eigenen Vorstellungen zu gestalten, wie es heute in der abendländischen Welt der Fall ist. Das ist eine ganz neue Epoche der Geschichte, schön und anspruchsvoll zugleich!

Ist das nicht für viele Menschen eine Überforderung?

Ich glaube schon! Heute muss ich meine Mahnung wiederholen: Benützt die Freiheit nicht als Deckmantel für eure Begierden und Leidenschaften! Das kann sehr leicht geschehen, wenn einem nicht bewusst ist, dass die Liebe, wie Jesus sie meint, viel mehr ist als ein schönes Gefühl!

Was gehört denn sonst noch alles dazu?

Echte Liebe hat ihren Ursprung in Gott, nicht im Menschen. Sie ist Anteil an seinem Leben, da Gott selber die Liebe ist. Sie gedeiht dort, wo Menschen ihm Raum geben in ihrem Herzen, wo sie auf sein Wort hören und sich bei ihm immer neu die Kraft und Orientierung holen für den Alltag. Sie ist dann auch belastbar und kann durchhalten selbst unter Anfechtungen und Bedrängnissen, ja oft wächst sie sogar mit ihnen mit. Sie ist eine tiefe Grundausrichtung des ganzen Lebens, gibt Kraft zur kreativen Freiheit, Freude und Schwung. Das habe ich gemeint, als ich von der Berufung zur Freiheit gesprochen habe!

Was sind deiner Meinung nach heute die größten Hindernisse für eine solche Freiheit?

Es gibt in der heutigen Welt zahlreichen Möglichkeiten, die sich auftun, und viele Gelegenheiten zur Abwechslung. Das verführt nicht wenige Menschen, sehr an der Oberfläche zu bleiben: Mal probieren sie dies, mal das, immer wieder etwas Neues. Nichts aber geht wirklich in die Tiefe. Es fehlen die Wurzeln, auch im religiösen Bereich. So sind viele in der paradoxen Situation, zwar äußerlich frei entscheiden zu können wie noch nie, aber innerlich tatsächlich nicht die Freiheit und Kraft zu guten Entscheidungen zu haben. Sie geraten leicht in die verschiedensten Abhängigkeiten hinein und vertun die Gelegenheit, ihr Leben nach ihren Überzeugungen zu gestalten. Ich kann sie nur im Namen Jesu einladen, der Beziehung zu ihm mehr Raum und Tiefe zu geben. Dann wird es ihnen leichter gelingen, den Weg zu wirklicher Freiheit und verantwortungsvoller Selbstbestimmung zu gehen!

Ihr seid der Leib Christi, und jeder einzelne ist ein Glied an ihm!

Wort der Heiligen Schrift:

Denn wie der Leib eine Einheit ist, doch viele Glieder hat, alle Glieder des Leibes aber, obgleich es viele sind, einen einzigen Leib bilden: so ist es auch mit Christus. Durch den einen Geist wurden wir in der Taufe alle in einen einzigen Leib aufgenommen, Juden und Griechen, Sklaven und Freie; und alle wurden wir mit dem einen Geist getränkt. Auch der Leib besteht nicht nur aus einem Glied, sondern aus vielen Gliedern. Wenn der Fuß sagt: Ich bin keine Hand, ich gehöre nicht zum Leib!, so gehört er doch zum Leib.

Wenn darum ein Glied leidet, leiden alle Glieder mit; wenn ein Glied geehrt wird, freuen sich alle anderen mit ihm. Ihr aber seid der Leib Christi, und jeder einzelne ist ein Glied an ihm.

1 Kor 12,12-15.26-27

Reporter: Heiliger Paulus, für unser heutiges Gespräch haben wir einen Vers aus deinem ersten Korintherbrief gewählt. Er ist ziemlich bekannt, vielleicht manchmal sogar abgedroschen. Doch wenn ich genauer hinhöre, spüre ich in ihm eine revolutionäre Sprengkraft. Wir Menschen sind der Leib Christi: Unvorstellbar! Stimmt das wirklich?

Ja, es ist genauso. Aber wir überhören es oft. Darum war es mir sehr wichtig, die Mitglieder meiner Gemeinde aufzurütteln. Ich hatte den Eindruck, dass sie die Größe ihrer Würde und ihrer Berufung noch gar nicht so richtig erkannt hatten!

Wie würdest du uns das mit den Worten unserer Zeit erklären?

Ich weiß, dass viele Menschen heute an innerer Leere, an Heimatlosigkeit leiden. Sie haben sich von Gott emanzipiert und wissen nicht mehr, wo sie hingehören.

Und du meinst, dass du da ein Angebot bereithältst, das für sie interessant sein könnte?

Und wie!

Bitte mache uns das plausibel!

Eine persönliche, tiefe Beziehung zu Gott gibt ganz viel Halt. Und Jesus Christus ist nicht weit weg im Himmel, sondern überall dort, wo man an ihn glaubt und sein Freundschaftsangebot annimmt. Das ist ganz real gemeint, aber man muss es leben, sondern scheint es einem wie eine leere Worthülse! Und das ist erst die eine Hälfte! Die andere sagt, dass wir auch miteinander so verbunden sein können, dass einer den anderen hält und trägt, wie es in einem Leib der Fall ist. Wenn das keine erstrebenswerte Vision ist...

Das ist ein starkes Angebot! Es setzt ganz andere Akzente als die üblichen Diskussionen um Gebote und Gesetze!

Deshalb habe ich auch das Bild vom Leib gewählt. Die Glieder eines Leibes gehören so unauflöslich zueinander, dass eine Trennung oft tödlich ist, jedenfalls aber eine Verstümmelung bedeutet. Und wir sind durch die Taufe wirklich mit Christus und miteinander zusammengewachsen, wir gehören unwiderruflich zu ihm, und er wird uns nie aufgeben!

Willst du damit sagen, dass Christus so für uns sorgt wie für seinen eigenen Leib?

Ja, genau so! Wir bekennen im Glauben, dass Jesus wahrer Gott und wahrer Mensch ist. Wenn wir mit ihm durch die Taufe zu einem einzigen Leib zusammengewachsen sind, dann haben auch wir teil an seinem göttlichen Leben!

Was sollen wir uns darunter vorstellen? Dass wir dann übermenschliche Kräfte und Fähigkeiten bekommen? Ich erinnere mich da an eine Fernsehserie, die vor Jahren gelaufen ist: „Immer, wenn sie Pillen nahm." Da wuchsen dieser Frau übermenschliche Kräfte zu, mit denen sie alles souverän meisterte!

Die Vorstellungen Jesu von göttlichem Leben gehen in eine ganz andere Richtung! Er selbst hat nie Vorteile für sich aus seiner göttlichen Kraft geschlagen. Er weigerte sich, Steine in Brot zu verwandeln, um seinen Hunger zu stillen; er weigerte sich, Schauwunder zu wirken, damit - vielleicht - alle an ihn glauben. Und zuletzt weigerte er sich noch, vom Kreuz herabzusteigen. Das alles hätte er doch mit seiner göttlichen Kraft leicht vermocht!

Was sollen wir uns also unter göttlichem Leben vorstellen?

Göttliches Leben bedeutet für Jesus eine ganz besondere Beziehung zu Gott, seinem Vater. Er ist mit ihm eins und hat alles mit ihm gemeinsam. Daraus erwächst sein Vertrauen zu ihm, das ihn auch in dunklen Augenblicken nicht verlassen hat. Es bedeutet ferner innere Kraft durch den Heiligen Geist, der stets vom Vater in ihn hineinströmt und ihm den Mut gibt, seinen herausfordernden Weg zu gehen. Dazu kommt noch die Liebe, die ihn bei all dem im Herzen froh macht. Und nicht zuletzt bedeutet es, dass er in seinem Inneren schon das ewige Leben als unzerstörbaren Schatz trägt und weiß, dass es ihm niemand wegnehmen kann.

Und das soll auch für uns gelten?

Ja, Jesus will es jedem weiterschenken, der ihm nachfolgt und sich – um bei dem Bild zu bleiben – in seinen Leib eingliedern lässt. Ist das nicht ein verlockendes Angebot?

Ganz gewiss! Und jetzt noch ein paar Worte zum menschlichen Miteinander! Was scheint dir in dieser Hinsicht besonders wichtig?

In einem Leib braucht nicht jedes Glied alles zu leisten, es herrscht eine richtige Aufgabenverteilung. Das Auge braucht nicht zu hören, der Mund nicht zu gehen und so weiter. So gibt es auch bei uns Menschen sehr verschiedene Gaben und Begabungen, die einander ergänzen und erst miteinander den Leib Christi und die Kirche aufbauen!

Heißt das, dass es kein Schaden ist, wenn jeder von uns Grenzen hat, weil nur so der eine den anderen braucht?

Genau das! Das steht in krassem Widerspruch zur Leistungsmentalität, die heute so verbreitet ist. Der Zusammenhalt, das Miteinander und Füreinander sind nur auf diese Weise gesichert. Wenn jeder alle Fähigkeiten hätte und alles machte, könnte er sich auf sich selbst zurückziehen. Die Freude an der Ergänzung und die Spannung, die sich aus der Verschiedenheit ergeben, wären dann dahin...

Müssen wir also für die eigenen Grenzen regelrecht dankbar sein?

In gewissem Sinn, ja! Vor allem aber soll jeder seine Stärken entdecken und entfalten. Jeder hat sie, wenn sie auch manchmal erst ans Licht geholt werden müssen. Da jeder Mensch ein einzigartiges Glied am Leib Christi ist, kann er einen Beitrag zum Ganzen leisten, der unersetzlich ist. So kommt es wirklich auf jeden einzelnen an, er ist kostbar und eine Bereicherung.

Warum gelingt uns die Verwirklichung dieser Vision in unserem Alltag so schlecht? So oft begegne ich da dem Vergleichen, Neid und Eifersucht...

Ja, das sind Begleiterscheinungen, wenn jemand die Wahrheit vom Leib mit den vielen Gliedern noch nicht wirklich erkannt hat. Und leider ist es auf dieser Erde auch wahr, dass nicht jeder bereit ist, seine Gaben tatsächlich in den Dienst des Gemeinwohls zu stellen. Manch einer will selbst davon Gewinn schlagen, statt anderen zu dienen. Das weckt wieder Angst bei den anderen, zu kurz zu kommen oder allein gelassen zu werden...

Du kennst uns Menschen aber gut!

Ich bin doch selber ein Mensch. Außerdem habe ich Ähnliches auch in meinen Gemeinden erlebt. Ihr braucht nicht zu glauben, dass in der Urkirche die heile Welt zu finden war. Auch da hat es immer wieder gemenschelt!

Was können wir nach deiner Meinung tun, um dieser neuen Sicht des menschlichen Miteinanders mehr zum Durchbruch zu verhelfen?

Am besten geht es, wenn jeder, der diese Wahrheit erkannt hat, sie nach Kräften selbst verwirklicht und von ihr Zeugnis ablegt. Natürlich werden wir hier auf Erden kein Paradies schaffen. Aber im Fragment kann es dann durchaus gelingen, etwas vom Reich Gottes aufleuchten zu lassen – als Zeugnis und als Verheißung für alle, die sich nach einer Welt der Liebe und des Friedens sehnen!

FSC
www.fsc.org
MIX
Papier | Fördert gute Waldnutzung
FSC® C083411

Zeitfracht Medien GmbH
Ferdinand-Jühlke-Straße 7
99095 Erfurt, Deutschland
produktsicherheit@kolibri360.de

Druck:
CPI Druckdienstleistungen GmbH
im Auftrag der
Zeitfracht Medien GmbH
Ein Unternehmen der Zeitfracht - Gruppe
Ferdinand-Jühlke-Str. 7
99095 Erfurt